혜강 최한기와 유교

도올 김용옥

[표] 통나무

序

　혜강(惠岡) 최한기(崔漢綺, 1803~1877)는 19세기 조선사
상의 흐름을 이해하는 데 빼놓을 수 없는 위대한 사상가이
다. 그의 불우(不遇)함이 그의 사상을 우리의 삶으로부터 너
무 가혹하게 단절시켜 놓았지만 그의 기학(氣學)체계의 위대
성은 2세기를 지난 오늘에도 결코 감소되지는 않는다. 단지
그의 저작의 상당부분이 혜강 당대의 리얼한 사회문제를 다
루고 있는 것이라 할 때, 그 가치가 오늘에 와서야 형량된다
고 하는 것은 그의 실존의 한계이자, 우리 역사의 한계이며,
오늘 우리 실존의 한계라고 하는 불행한 사실이 각성되어야
할 것이다.

내가 1990년에 『독기학설』이라는 책을 펴낸 것이 계기가 되어 많은 사람들이 혜강철학에 대한 새로운 인식의 지평을 갖게 되었고, 그 후로 여기저기서 나에게 혜강에 대한 논문을 발표해달라는 요청이 있었다. 불행하게도 나의 생활이 한 가지 주제를 천착할 수 있는 시간적 여유를 얻기 어려웠기 때문에 혜강철학에 관한 전반적인 분석에 이르기에는 역부족이었다. 그러나 주어진 상황 속에서 나는 혜강에 대한 나 자신의 이해의 지평을 조금씩 확충해나가는 최선의 작업을 감행했다. 여기 모은 몇 편의 글들은 그러한 모험의 족적을 한 광주리에 주어담은 것이다. 전체가 하나의 체계를 갖추지는 못했어도 혜강철학에 대한 나의 일관된 주제의식을 독자들은 발견할 수 있을 것이다. 그것은 혜강철학 내용에 대한 체계적 탐구라기보다는 보다 많은 사람들에게 혜강에 대한 관심을 가지게 하는 계발적 실마리로서 보다 큰 의미를 갖지 않을까 생각해 본다.

"혜강 최한기와 유교"라는 이 책의 제목은 약간의 오해의 소지가 있다. 이 제목은 마치 혜강철학의 유교적 측면이나 전통유학과의 교섭관계를 다룬 책인 것과 같은 인상을 줄 수가 있으나, 실상인즉슨 나의 혜강에 대한 논고와 유학에 대한 논고를 합본했다는 것 이상의 의미를 갖지는 않는다.

후자는 2003년 10월 31일 영남대학교 인문과학연구소·국제동아시아사상연구회 공동주최로 열린 국제학술대회가 "동아시아 유교와 근대의 앎"이라는 주제를 표방했고, 그 학술대회의 기조강연을 담당한 나의 논문이 "유교와 앎"이었기에 붙여진 이름일 뿐이다. 그러나 "혜강 최한기와 유교"라는 이 책의 제목은 전체적 주제의 일관성에서 볼 때 조금도 어색하지 않다. 왜냐하면 후자의 유교라는 것은 나 도올이 원시유교의 "앎"의 성격을 분석한 논술이며, 혜강의 철학 또한 원시유교의 "앎"의 성격에 관한 새로운 분석에서부터 출발한 것이기 때문에 양자 사이에는 밀접한 관련이 있다.

많은 사람들이 혜강철학의 참신한 성격을 어필시키기 위해 전통유학과의 단절이나, 전통유학의 패러다임으로부터의 탈출이라는 측면을 과도하게 부각시키고 있으나, 혜강철학의 위대성은 그러한 단절에 있다기보다는 유학의 새로운 패러다임을 구축함으로써 유학에 대한 해석의 지평을 21세기에까지 확충시켰다는 데 있다. 조선말기와 같은 어렵고 빈곤한 상황에서도 혜강 같은 웅혼한 사상가를 배출하는 여력을 지

닌 한국사회야말로 유교 그 자체의 가능성을 무한히 확대시
켜나갈 수 있는 저력을 지닌 문화공동체라는 확신을 가능케
하는 것이다. 본서가 그러한 가능성의 한 발견으로서 그 깊
은 의미가 이해되기를 바랄뿐이다.

2003년 12월 3일
낙송재에서

목   차

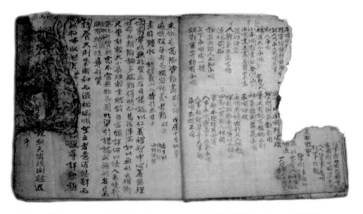

혜강이 66세(1868)때 쓴 『승순사무承順事務』의 친필원고의 모습, 목차부분

— 혜강 종손 소장 —

【측인(測人)에 나타난 혜강의 생각】

이 논고에서 "측인"(測人)이란 혜강의 사상을 집대성한 대작, 『인정人政』이라는 책중에 한 부분을 형성하고 있는 「측인문測人門」을 가리킨다. 『인정』은 「측인문測人門」 「교인문敎人門」 「선인문選人門」 「용인문用人門」의 4부문으로 구성되어 있다. 이 논문은, 혜강 최한기 탄생 2백주년을 기념하여 2003년 11월 21일(금) 성균관대학교 동아시아학술원 대동문화연구원에서 주최한 국제학술회의 "혜강 기학의 사상"에 제출한 글이다. 내가 1990년에 『독기학설』을 발표한 이래 학계에서 꾸준히 제기되어 온 논란을 한번 총정리한다는 의미를 지니고 있었다. 대동문화연구원 학술회의는 최한기의 직계 후손을 비롯하여 삭녕최씨 문중사람들과 또 젊은 학인들이 많이 참석한 매우 열띤 자리였다.

논문 발표후 내가 느낀 소회는 우리학계가 더 이상 폐쇄적이질 않다는 것이다. 어떠한 이야기든지 합리적인 근거를 가지고 있으면 수용하여 토론하려는 건강한 자세를 지니고 있었다. 우리사회의 바람직한 변화를 느끼게 하는 좋은 자리였다. 그리고 그동안 새로 발굴된 자료들이 『증보명남루총서增補明南樓叢書』 5책으로 편성되어 작년(2002) 대동문화연구원에서 발간된 사실도 특기할만한 사건이다. 혜강학의 발전에 새로운 전기가 되리라고 믿는다. 기초자료를 모으시고 정리해오신 사계의 태두 이우성(李佑成)선생님께 깊은 감사의 마음을 전하고 싶다.

독인정설(讀人政說)

측인(測人)에 나타난 혜강의 생각

1. 한 사상가의 각고의 삶의 소산인 저작물 어느 하나도 쉽게 경중을 가릴 수는 없겠지만, 한우충동(汗牛充棟) 1천여 권(卷)에 이른다 하는 혜강(惠岡)의 저작 중에서 우리에게 의미 있게 다가오는 대표작 3종(種)을 들라하면 34세(1836)에 지은 『기측체의氣測體義』(『推測錄』과 『神氣通』의 合本)와 55세(1857)에 지은 『기학氣學』, 58세(1860)에 지은 『인정人政』을 꼽을 수 있을 것이다. 『기측체의』는 그의 인식론적 구상(epistemological framework)이요, 『기학』은 그의 우주론적 결구(cosmological structure)이며, 『인정』은 그 인식론과 우주론의 사회적 실천(political realization)이다. 본 논문은 그의 사상을 집대성한 대작 『인정』의 내용을 총체적으로 분석하려는 시도로 기획되었으나, 워낙 그 내용이 방대하고 또 방만할 뿐 아

니라, 본 논문을 작성하는 데 주어진 시간이 너무 촉급하여, 『인정』 전체를 대상으로 하는 데 이를 수는 없었다. 따라서 본 논문은 『인정』을 구성하는 4문(門)인 「측인문測人門」 「교인문教人門」 「선인문選人門」 「용인문用人門」 중에서 「측인문測人門」의 내용에 한정하여 혜강사유의 득실을 논구하고자 한다. 시간이 허락되는 대로 나머지 3문을 독파하여 원래의 구상대로 『독인정설』이라는 일서를 후일 집필코자 한다.

2. 『인정』 전체의 「서序」와 「범례凡例」와 「총목總目」이 따로 있기는 하지만, 각문(各門)에 독립된 「서序」와 「목록目錄」이 있고 집필된 날짜가 따로 명기되어 있어, 4문이 각각 독립된 한 책이라는 느낌을 받는다. 각 문은 그 나름대로 하나의 전체적 유기성을 지니고 있는 것이다. 이 4문의 관계에 대하여 혜강 자신이 「인정서人政序」에서 한 말을 살펴보자. 혜강은 우선 인간은 어떠한 경우에도 고립된 개인일 수 없으며 사회적 행위의 주체가 될 수밖에 없다고 갈파한다. 여기 "일통지정"(一統之政)이라 함은 나라를 다스리고 집안을 통솔함(爲邦御家)에 있어서 일관된 어떤 로직(logic)이 있어야 한다는 뜻이다.[1]

일통으로써 사람을 헤아리고, 일통으로써 사람을 가르치
고, 일통으로써 사람을 뽑고, 일통으로써 사람을 쓴 연후
에야 경색되고 분열되는 사회적 병폐가 모두 없어지게
될 것이다. 그렇게 되면 자연히 천인(天人)의 대정(大政)

---

1) 如使一人自行一身之事, 以終其身, 則雖無政可也。爲邦御家, 豈
可無一統之政。「人政序」2b. 『人政』의 版本에 관해서는 신빙성
있는 기술이 不在하다. 민족문화추진회 국역총서에는 대본으로 "中
國 北京 正陽門내 人和堂에서 刊行한 活字本을 影印한 성균관대
학교 대동문화연구원 발행의 『明南樓叢書』"를 썼다고 되어있는데,
이는 매우 부정확한 기술이다. 이는 마치 『明南樓叢書』 전체가 北
京 人和堂에서 간행된 듯한 착각을 준다. 그러나 『明南樓叢書』는
大東文化研究院에서 1971년에 편찬하여 간행한 서물의 이름일 뿐
이다. 그리고 『氣測體義』가 北京 人和堂에서 발간된 사실은 現存
하는 서물로써 확인되는 바이나, 『人政』이 人和堂에서 발간된 사
실은 확인될 길이 없는 낭설이다. 『기측체의』도 어떠한 경로를 통
하여 언제 北京에서 간행되었는지에 관하여 확실하게 알려진 바가
없다. 大東文化研究院 『增補明南樓叢書』(2002)에는 "혜강의 手
校本이라고 생각되는 일본 東洋文庫 소장본"을 대본으로 하였다
고 되어 있는 것으로 보아, 현존하는 모든 『人政』의 판본은 東洋
文庫소장본의 영인본이라는 것을 알 수 있다. 그런데 이 東洋文庫
소장본이 언제 어떻게 성립된 것인지 아무도 말하지 않는다. 東洋
文庫소장본이 "手寫"원본인지, 인쇄본인지도 알 수 없다. 그리고
중간중간 몇 군데 있는 "手校"가 惠岡자신의 것인지 아닌지도 알
수가 없다. 『叢書』의 간행자들은 이러한 版本의 문제를 명확히 해
주었으면 한다. 내가 근거한 판본은 『增補明南樓叢書』의 영인본이
지만 현재 유통되고 있는 모든 『人政』은 동일한 서물의 영인본일
뿐이다. 본 논문의 페이지는 『人政』 자체의 페이지로 표기한 것이
다. a는 오른쪽면(앞면), b는 왼쪽면(뒷면).

이 서로 부합될 것이다. 진실로 일통으로 사람을 쓰고자 한다면 반드시 먼저 일통으로 사람을 뽑아야 할 것이요, 진실로 일통으로 사람을 뽑고자 한다면 반드시 먼저 일통으로 사람을 가르쳐야 할 것이요, 진실로 일통으로 사람을 가르치려면 반드시 먼저 일통으로 사람을 헤아려야 할 것이다. 사람의 헤아림이 잡란(雜亂)하면 사람의 가르침의 기준이 없고, 사람의 가르침이 기준이 없으면 사람의 뽑음이 정밀하지 못하고, 사람의 뽑음이 정밀하지 못하면 사람의 씀이 많이 어긋나게 된다. 그 좋음을 취하여 썼는데도 좋지않게 되고, 사정(私情)을 고려하여 썼는데도 결국 사정을 배반케 된다. 이에 측인·교인·선인·용인 4측면으로써 4문에 배정하고 그 조목을 나열하여 『인정』이라고 이름하였다. 『인정』의 궁극적 효능은 오로지 측인·용인 두 문에 있으나, 교인과 선인은 그 사이에 끼어서 조종하고 변통하는 바른 법칙이 된다.

苟欲一統用人, 必先一統選人; 欲一統選人, 必先一統敎人; 欲一統敎人, 必先一統測人。測人雜亂, 敎人無準; 敎人無準, 選人不精; 選人不精, 用人多違。以善用者, 或爲不善; 以私用者, 反爲背私。茲庸測人敎人選人用人, 排定四門, 各列條目, 名曰人政。其功專在於測人用人兩門, 而敎人選人居其間, 爲操縱變通之正法。2)

여기서 알 수 있듯이 인정(人政)의 궁극은 용인(用人, 인재를 등용하여 쓰는 것)에 있으나, 용인(用人)의 전제조건으로서 선인(選人)을 이야기하지 않을 수 없고, 선인(選人)의 전제조건으로서 교인(敎人)을 이야기하지 않을 수 없고, 교인(敎人)의 전제조건으로서 측인(測人)을 이야기하지 않을 수 없다. 따라서 용인의 궁극적 바탕은 측인에 있다. 그러므로 인정의 궁극적 효능은 용인과 측인, 두 문에 있으며, 측인(測人)은 용인(用人)의 근원(根源)이 되고, 용인(用人)은 측인(測人)의 효험(效驗)이 되는 것이다.3) 그 사이에 낀 교인(敎人)과 선인(選人)은 그 양자 사이에서 조종하고 변통하는 기능을 하는 것이다. 물론 이 4문은 봄·여름·가을·겨울이 이어지는 것과도 같이 간단(間斷)없이 서로 상통(相通)하고 상잉(相芿)하는 것이다.4) 따라서 측인(測人) 일문(一門)의 분석만으로도『인정』전체의 결구를 규탐할 수 있다. 그리고 실제로도 측인 일문에 혜강의 공력이 가장 집중되어 있음을 일별하면 알아차릴 수 있다.

---

2) 「人政序」2b~3a.
3) 是以測人爲用人之根源, 用人乃測人之效驗. 「人政凡例」6a.
4) 敎人選人, 特爲其間修行之階級. 四門相通相芿, 如春而夏而秋而
   冬, 不可間斷隔載. 「人政凡例」6a.

3. 측인을 말하기 전에 혜강연구와 걸려있는 전반적인 문제를 세 조목만 언급하고자 한다. 학문이란 본시 당대의 언어를 통하여 당대의 사람들과 의견을 나누고 공감하는 데 그 본의가 있다. 혜강의 학문이 오늘 우리에게 알려지기 시작한 것은 극히 최근의 일이다. 혜강을 최초로 발굴한 사람들은 북한학자들이었다. 사회과학원 역사연구소에서 펴낸 정진석(鄭鎭石)·정성철(鄭聖哲)·김창원(金昌元) 공저의 『조선철학사』(제1판은 1960년, 제2판은 1962년)를 그 효시로 꼽을 수 있다. 서울대학교 철학과의 박종홍(朴鍾鴻) 교수는 이 『조선철학사』에서 받은 충격으로 "한국철학사"를 새롭게 정립해야겠다는 뜻을 세우게 되었고 최한기에 대한 논문도 구상하게 되었다. 그런데 그가 읽은 것은 북한에서 나온 한글판 원본이 아니었고, 송지학(宋枝學)이 번역하여 토오쿄오(東京) 코오분도오(弘文堂)에서 펴낸 일역본 『쵸오센테쯔가쿠시 朝鮮哲學史』(1962)이었다. 당시 국학(國學)분야에 있어서 남한의 학문이 북한의 학문에 뒤져있었던 현실을 단적으로 입증하는 한 사례일 것이다. 이러한 역사적 사실은 은폐될 수 없다. 최한기 연구의 최초의 시각에 관한 매우 중요한 역사적 환경을 말해주고 있기 때문이다.

1971년 『명남루총서明南樓叢書』의 간행으로부터 2002년 『증보명남루총서增補明南樓叢書』의 편찬에 이르기까지 그 원전을 일반에게 공개하여 혜강사상에 관한 객관적이고도 다양한 연구를 이 사회에 촉진시킨 공로는 벽사(碧史) 이우성(李佑成) 선생님과 성균관대학교 대동문화연구원에 돌려야 마땅할 것이다.

그러나 혜강연구의 가장 우선되어야 할 작업은 원전의 번역이다. 제 아무리 많은 연구논문이 쏟아져 나온다 해도 확고한 원전번역의 토대가 없다면 그것은 사상누각과도 같은 것이다. 나는 82년 귀국한 이래 오늘까지 줄곧 "번역의 중요성"을 역설하여 왔다. 혜강에 관한 많은 언설이 있으나, 그간 혜강의 역서로서는 민족문화추진회의 『기측체의』(Ⅰ은 1979, Ⅱ는 1980에 제1판 출간. Ⅱ에는 『明南樓隨錄』이 포함되어 있다)와 『인정』(Ⅰ은 1980, Ⅱ~Ⅳ는 1981. Ⅴ는 1982. Ⅴ에는 『講官論』이 포함되어 있다), 그리고 손병욱(孫炳旭) 교수의 『기학』(서울: 여강출판사, 1992)외로는 별다른 성과가 없다. 이것은 우리나라 학문풍토의 매우 비본질적인 정황을 말해주는 것이다. 학술토론도 중요하지만 그것보다는 원전번역에 학자들의 에너지를 집중시키는 것이 더 중요하다고 생각한다. 학술토론은 쉽고 원전번역은 어렵다. 학술토론은 동초서

초(東抄西抄)가 가능하지만 원전번역은 전문에 대한 완벽한 이해가 없이는 불가능한 것이다. 최한기에 관한 연구논문은 연구자의 주관을 섞어 마구 늘여낼 수 있지만 그 원전번역은 오직 최한기로 하여금 말하게 하는 것이다. 연구논문은 그 신빙성을 검증해야 하는 것이지만 원전번역은 모든 사람이 그 학문을 발전시킬 수 있는 토대를 공유케 하는 것이다. 원전번역 일서(一書)의 가치가 연구논문 천만 권의 가치를 능가하는 것이다. 최한기의 실학(實學)을 말하는 자, 응당 학문을 실(實)하게 해야 할 것이다.

이를 위하여 나는 각 대학에서 박사학위논문으로 최한기의 저서의 번역을 권장해야 한다고 생각한다. 미국과 유럽의 모든 대학의 박사학위가 역서에 중점적으로 주어지고 있는 현실을 우리학계도 직시해야 할 것이다.

나는 본 논문을 쓰는데 민족문화추진회의 『인정』번역서에 크게 힘입었다. 『증보명남루총서』의 원문과 한역을 대조하면서 짧은 시간에 「측인문」을 독파할 수 있었다. 나는 번역자, 이기석, 이이화, 이전문, 서경요, 조수익, 이동희 6분과, 교열자 오호영 1분께 이 자리를 빌어 깊은 감사를 표한다. 이 분들의 선구적 노력이 없었으면 나는 이 논문을 짧은 시간에 쓸 수 없었을 것이다. 학문은 매우 기초적인 사실부터 정직해야 한다.

4. 두 번째 문제는 최한기의 학문을 과연 "실학"(實學)으로 규정할 수 있는가 하는 나의 집요한 질문과 관련된 것이다. 이 문제는 내가 1990년에 『독기학설讀氣學說』(서울: 통나무)이라는 책을 낸 후로 우리 사회의 보편화된 한 쟁점으로 부상하였다. 나의 학설이 "실학"이라는 개념의 근원적인 성립불가능성을 논파하고 있으므로 실학이라는 개념을 무비판적으로 수용해온 많은 학자들이 나의 학설을 묵살하거나 회피하거나 왜곡하거나 조롱하거나 하여 도올 김용옥이라는 이름 석자만 들어가면 무조건 이단시하는 그런 경향이 없지 않았다. 그것은 나의 학설을 긍정적으로 수용할 경우 자신들의 입지가 근원적으로 허물어지게 되므로, 양립이 불가능하다는 생각이 있기 때문이다. 혜강의 경우도, 당대의 많은 식자들이 혜강의 사상과 자신들의 생각은 양립불가능하다고 판단했을 것이다. 그러나 오늘에 와서 생각해보면 그 생각들이 결코 양립불가능했던 것만은 아닐 것이다. 나의 주장도 기존의 실학이라는 개념을 활용하여 진행되어온 많은 훌륭한 연구업적과 결코 양립불가능한 것은 아니다. 나의 주장은 그러한 연구업적에 깔려있는 근원적인 전제들을 명확히 규명함으로써 그 역사적 성격을 확실히 하자는 것이다.

측인에 나타난 혜강의 생각

나는 우선 혜강의 사상을 "실학"이라 말하는 데 아무런
거부감이 없다. 그것이 허(虛)하지 않고 실사구시(實事求是)를
추구하는 "실(實)한 배움"이라는 것을 굳이 부정할 이유가
어디에 있겠는가? 그런데 이러한 실학(實學)은 어디까지나
허학(虛學)에 상대되는 일반술어일 뿐이며, 그것이 어떤 역사
적 실체를 가지는 절대적 고유명사로서 인식될 수는 없다는
것이다. 내가 부정하는 것은 고유명사로서의 "실학"이며, 그
실학이라는 이름 아래 조선유학자들의 생각을 재단(裁斷)하
는 독단(獨斷)이다. 고유명사로서 실학을 운운하는 자들은 마
치 조선사상가들 자신이 스스로 "실학"이라는 기치 아래 자
신들의 생각을 전개한 것처럼, 마치 실학이라는 운동이 "동
학"(東學)이라는 종교운동처럼 조선후기사상사를 지배하는
실체로서 엄존하고 있었던 것처럼 설교하는 것이다. 내가
부정하려 하는 것은 이러한 설교의 자기기만성과 후학에 미
치는 오도의 가능성이다. 임란이후 조선왕조사회에 민생의
이용후생(利用厚生)이나 실사구시(實事求是)를 추구하는 보
다 실한 학문성향이 있었다는 것을 부정할 필요는 없겠으
나, 이것은 결코 "실학"(實學)이라는 이름으로써 명료하게
자내적(自內的)으로 규정될 수는 없는 흐름이라는 것이다.
실학이라는 용어가 조선유학자들의 저술 속에 나타나지 않

은 것은 아니지만(惠岡의 『氣學』 속에도 나타난다), 그것이 그들의 사상을 묶는 총체적 규합개념(organizing concept)으로서 쓰인 적은 단 한번도 없다. "실학"이란 어디까지나 20세기 한국사학자들의 히스토리오그라피(historiography) 속에서 등장한 규합개념이며, 조선유학자들 자신과는 아무런 상관이 없는 후대 역사학의 조어(coinage)일 뿐이라는 사실을 명백히 하자는 것이다. 그러한 사실을 명백히 한 후에만 비로소 실학의 개념규정에 관한 모든 논쟁이 정확한 의미를 가질 수 있다.5) 이 사실을 명백히 전제하지 않는 모든 논의는 한낱 **속임수**에 지나지 않는다. 학문이 속임수가 될 수는 없는 것이다.

이러한 나의 지적에 깔린 보다 깊은 의도는, 실학이 마치 조선사상사의 존재론적 실체(ontological entity)인 것처럼 기술함으로써 조선역사의 근대성을 확보하고자 하는 검토되지 않은 연역적 전제의 정당성을 밝히자는 것이다. 실학을 조선사상사의 고유한 개념으로서 설정하는 대부분의 학자들의 뇌

---

5) "實學"이라는 개념발생의 歷史淵源, 즉 崔南善・文一平에서 시작하여 千寬宇・李佑成에 이르는 과정에 관한 기술은 김용옥 지음, 『讀氣學說』(서울: 통나무, 초판 1990, 개정판 2004), pp.42~48을 참고할 것.

리 속에는 "실학(實學)=근대(近代)=반주자학(反朱子學)"이라는 도식이 들어 있었다. 실학이라는 개념이 등장한 역사연원 자체가 조선사에 있어서의 근대, 그리고 자본제의 맹아론과 관련되어 있었던 것이다. 그런데 한번 물어보자! 학문이 꼭 실(實)해야만 근대적 학문이 되는가? 이용후생을 외치고 실사구시를 외쳐야만 근대적이 되는가? 실(實)한 것도 너무 실(實)한 소리만을 반복하다보면 그 실(實)한 것 자체가 허(虛)해질 수도 있는 것이다. 이렇게 거꾸로 말해보면 어떨까? 허(虛)한 학문이 더 근대적일 수는 없을까? 실(實)한 학문은 꼭 허(虛)한 학문보다 좋은 것일까? 학문은 꼭 실(實)해야만 하는가? 허학(虛學)은 나쁘고 실학(實學)은 좋은 것이라는 생각은, 오늘날 우리 사회에서 여당이 하는 짓은 모두 좋은 것이고 야당이 하는 짓은 모두 나쁜 것이라든가, 반대로 야당이 하는 짓은 모두 좋은 것이고 여당이 하는 짓은 모두 나쁜 것이라고 말하는 것과 동일한 단순논리에 불과한 것이다. 진보와 보수의 우열을 지금 이 시점에서도 명확히 가를 수 없는 것이라면, 학문이 허(虛)한 데서 실(實)한 데로 갈수록 근대적(진보적)이라고 하는 도식도 무근거한 것이다.

여기에 매우 본질적인 또 하나의 질문은 과연 조선역사에서 꼭 "근대의 도래"(the Advent of Modern Age)를 이야기해야만 하는가에 관련된 것이다. 근대? 좋다 ! 인류역사의 보편적 흐름을 얘기하기 위해서는 "근대" 정도는 우리 역사에도 끼어주는 게 좋겠다구? 그래, 좋다 ! 그러나 근대라는 것 자체가 "중세로부터의 벗어남"이라는 명확한 의식을 가지고 있는 것이며, 또 중세는 "고대로부터의 이행"이라는 피치 못할 전제를 가지고 있는 것이다. 그런데 이 "고대-중세-근대"의 도식은 서양사에서 명확히 규정된 하부구조를 가지고 있는 것이며, 그것을 명료하게 발전단계로서 이야기한 것은 칼 맑스였다. 그것은 "노예제-봉건제-자본제"의 다른 이름에 불과한 것이었다. 그러므로 실학은 결국 "조선왕조 실학 발생시기=근대의 시작=자본제의 맹아시기"라는 도식 속에 갇혀버리고 만다. 그리고 이러한 맥락에서 실학을 운운하는 모든 자들이 다양하게 변주된 맑시스트 사학도에 불과하다는 사실을 그 본인들이 의식하지 못하고 있는 상황은 허다하다. 그들은 모두 서양사의 콤플렉스에서 벗어나지 못하고 있는 것이다. 과연 실학이 발생하기 전에는 조선사회는 봉건사회였고 실학이 발생한 후에는 자본제사회였나? 과연 조선사회를 봉건사회(feudal society)로 규정할 수 있는가? 그것은 매우 특수한 "중앙집권적 관료제 사회+양반 귀족제 사회+군주제 사회"가 아니었던가?

이렇게 복잡하게 얽혀들어가는 문제들은 또 하나의 본질적 질문을 야기시킨다. 인류의 역사는 과연 발전하는 것일까? 인류의 역사는 반드시 진보하는가? 실학발생 이전의 역사보다 실학발생 이후의 역사가 진보한 조선사회인가? 역사는 과연 허학에서 실학으로 진보했는가?

진보? 물론 우리는 우리의 삶의 총체인 우리 역사에 관해 진보를 말할 수 있다. 아니, 말해야 한다! 그러나 진보를 말하려면 반드시 진보를 말할 수 있는 역사의 기준을 선결해야 하는 것이다. 모든 가치는 기준이 있어야만 그것이 가치로서 제구실을 할 수 있는 것이다. 그것은 쉽게 말하면 노무현 대통령의 취임이후에 한국역사가 진보했는가, 퇴보했는가를 묻는 것과도 같은 것이다. 진보했다면 어느 측면에서 어느 기준에서 진보했으며, 퇴보했다면 어느 측면에서 어느 기준에서 퇴보했는가를 말해야 한다. 노무현 대통령 취임이후 한국역사의 모든 것이 진보했다든가, 모든 것이 퇴보했다고 말하는 것은, 하늘을 날아다니는 하나님께서 인류역사 전체를 주관하고 계시다고 하는 논의보다 더 허무맹랑한 것이다. 인류역사 전체를 규정지을 수 있는 진보와 퇴보는 존재할 수가 없다. 그것은 반드시 가치기준을 먼저 제시해야 하는 것이다.

역사의 근대를 말하려해도, 우리는 반드시 그 근대의 기준을 먼저 제시해야 한다. 물론 조선사의 근대를 말할 수 있다. 그러나 그 근대를 말하는 사람은 반드시 무엇이 조선의 역사를 근대로 규정케 만드는가에 대한 기준을 제시해야 한다. 그 기준을 근대성(Modernity)이라고 말한다면, 근대성에 관한 논의는 결국 무엇이 "근대적 인간"(Modern Man)인가 하는 문제로 귀착될 것이다. 즉 인간의 어떠한 속성(attributes)을 근대적이라고 규정하는가에 대한 논의를 명확히 한 후에나 우리는 근대를 말할 수 있게되는 것이다. 그러나 나는 조선의 역사나 사상에 관한 한, 여태까지 이러한 논의를 들어본 적이 없다. 그리고 이러한 논의가 조선사의 내재적인 맥락이나 우리의 실존이 지향하고자 하는 가치관의 이상 속에서 이루어져야함은 더 말할 나위도 없는 것이다.

  이처럼 복잡다단하고도 방대하며, 또 본질적인 논의를 여기서 다 선결할 수는 없을 것이다. 나는 단지 혜강의 학문은 결코 "실학"이나 "근대"라고 하는 맥락에서 규정될 수 없는 것이며, 나 도올은 그렇게 규정할 의사가 조금도 없다는 것을 천명함으로써 이제부터의 논의에 대한 확고한 입장의 계한(界限)을 밝히는 것이다.

5. 세 번째 문제는, 혜강철학을 이해함에 있어서 원전의 단순한 오독으로 말미암아 생기는 의미의 왜곡에 관한 것이다. 그러니까 이것은 필로소피(philosophy)를 논구하기 이전의 필로로지(philology)에 관한 문제며, 단순히 언어적 차원(linguistic level)의 문제인 것이다. 그러나 그 폐해는 매우 심원하고, 부지불식간에 현존하는 혜강학의 논의에 매우 깊숙이 유포되어 있다. 남한학계에서 혜강철학을 제일 먼저 말한 사람은 박종홍이었다. 전술한 바대로, 박종홍은 북한학자들이 혜강철학의 참신하고도 체계적인 사유의 측면을 부각시키는 데 매우 충격을 받았다. 그러나 그들의 혜강이해방식은 어디까지나 유물론이라는 도식이었다.[6] 따라서 박종홍은 유물론적 도식을 대치할 수 있는 새로운 패러다임이 필요했다. 이것은 곧 그의 혜강이해방식이 자내적(自內的)인 것이 아니라 자외적(自外的)인 것이었고, 원전의 필로로기적 이해에 앞

---

6) 정확하게는 "유물론적 유기론철학"이라는 표현을 썼다. 그리고 말한다: "최한기는 당시 사회모순과 민족위기를 자각하면서 자기의 해박한 자연과학 지식에 토대하여 당시의 진보적 도시 평민계층의 이익을 대변한 탁월한 독창적 유기론철학을 수립하였다. 그의 철학에는 부르조아 사상의 맹아가 반영되어 있다." 정진석, 정성철, 김창원 지음 『조선철학사』, 사회과학원 역사연구소 편, (서울: 이성과 현실사, 1988), p.297. 宋枝學譯, 『朝鮮哲學史』(東京: 弘文堂, 1962), pp.325~6.

선 서양의 필로소피의 개념적 틀이 선행하고 있었다는 것을 의미하는 것이다. 이 박종홍의 새로운 패러다임은 경험주의 (Empiricism)라는 것이었는데, 그가 말하는 경험주의란 프란시스 베이컨(Francis Bacon, 1561~1626)의 우상타도론, 윌리엄 어브 오캄(William of Occam, c.1285~1349)의 유명론 (nominalism), 존 록크(John Locke, 1632~1704)의 타부라 라사(tabula rasa)론 등, 영국경험론의 틀에 유비되는 어떤 새로운 인식론적 패러다임을 의미하는 것이었다. 박종홍 선생의 선구적 작업의 가치는, 그 한계를 불문하고 매우 높게 평가되어야 마땅하지만, 후학들이 그의 한계를 극복하는 과정에서조차 그의 한계를 답습하고 있다면 그것은 참으로 애처로운 일이다. 박종홍의 진정한 한계는 그가 혜강철학을 영국경험론적(British Empiricism)인 패러다임 속에서 조망하였다는 그 사실에 있는 것이 아니다. 분명 혜강철학에도 경험론적인 한 측면이 부정되는 것만은 아니다. 그러나 박종홍의 오류의 근원은 바로 원전의 오독이다. 그것은 금(今)을 가지고 고(古)를 절단(截斷)하는 오류요, 의미의 동시성을 그릇된 맥락에서 일치시키는 "오치(誤置)된 동시성의 오류"다.

생각해보자 ! 우리가 현대어로 "경험"이라 할 때에 그것이

비록 "경험"(經驗)이라는 두 한자(漢字)의 외투를 빌었다 할지라도, 그 실제의 의미내용은 서양철학이 말하는 "experience"의 번역술어라는 맥락이상의 의미를 갖지 않는다. 우리 현대어 속에서 "경험"은 "experience"와 동의어다. 그러나 혜강의 문장 속에 나오는 "경험"(經驗)은 서양철학언어로서의 "경험" 즉 "experience"와는 전혀 별개의 의미맥락을 갖고 있다는 단순한 사실이 박종홍으로부터 오늘날의 많은 연구자들에게까지 전혀 의식이 되고 있질 않다는 것이다. 오늘날 우리가 "경험"(經驗)을 "experience"와 동일시하게 되는 것은 대체로 19세기 후반에 서양학을 마스터한 일본의 송학자(宋學者)들의 번역문학작업에 연유하는 것이다. 그러나 혜강의 언어가 전통적인 고전한문투를 고집하든, 청말(淸末)의 문언체(文言體)를 쓰든, 혹은 백화(白話)식 표현을 선택하든지간에,[7] 그것은 모두 우리현대어의 원조를 형성하는 에도(江戶) 번역문학작업 이전의 맥락인 것이다. 그것은 고전에 익숙한 혜강 자신의 오리지날한 맥락인 것이다. "경험"(經驗)은 "experience"가 아니다. 그것은 "경"(經)과 "험"(驗)이라는 두 의미체의 합성어일 뿐이며, "체험을 거침," "증험을 거침"

---

7) 惠岡은 결코 "白話"를 쓰지는 않았다. 그러나 白話化된 文言體를 多用한다.

혜강 최한기와 유교

이라는 단순한 고전적 의미 이상의 어떠한 함의도 지니고 있질 않은 것이다. "지각"의 예를 다시 들어보자! 우리말의 "지각"은 앞서 논의한 바대로 비록 "지각"(知覺)이라는 두 한자를 빌리고 있다 할지라도, 그것은 단순히 "sensation"의 역어 이상의 아무 것도 아니다. "지각"과 "sensation"은 동의어다. 그러나 혜강이 말하는 "지각"(知覺)은 "sensation"과는 아무런 상관이 없는 것이다. "지각"(知覺)은 감각적 인식을 말하는 것이 아니요, "지"(知)와 "각"(覺)의 합성어이며 보다 복합적인 함의를 지니는 것이다. "지"(知)는 "앎"이라는 뜻이요, 콩쯔(孔子)가 쯔루(子路)를 꾸짖느라 "지지위지지(知之爲知之), 부지위부지(不知爲不知), 시지야(是知也)。"[8]라 했을 때의 "앎"에 해당되는 것이다. 그러나 "각"(覺)은 어떠한 경우에도 센스 데이터(sense data)를 전하는 감각으로서 쓰인 용례는 없는 것이다. 불교에서 "보리"(菩提, Bodhi)의 의미로 "각"(覺)을 쓰기 이전부터, 각(覺)은 『맹자孟子』의 「만장 萬章」 상(上)의 "사선지각후지(使先知覺後知), 사선각각후각야(使先覺覺後覺也)。"[9]와 같은 용례에서 볼 수 있듯이 "깨달음"

---

8) 『論語』 「爲政」 17. "由! 誨女知之乎!"라 한 것은 子路의 평소 안다고 나대는 성향에 대하여 孔子가 지긋이 눌러주는 훈계의 맥락이 들어가 있다고 볼 수도 있다. 김용옥, 『도올논어』(서울: 통나무, 2001), 2, pp.168～173.

(悟)이라는 의미를 전하는 말일 뿐이었다. 주시(朱熹)가『중용장구서中庸章句序』에서 "심지허령지각"(心之虛靈知覺)을 말했을 때의 "지각"(知覺)도 분명 감각적 인식을 뜻하는 말은 아니다. 각(覺)은 지(知)보다 낮은 단계의 감성(Sinnlichkeit)을 뜻하는 것이 아니라, 지(知)보다 높은 단계의 "깨달음"(Enlightenment)을 뜻하는 것이다. 따라서 "지각"(知覺)이란 센스 데이터를 전달받는 감관의 패컬티(faculty)를 뜻하는 말이 아니요, "알음으로써 깨달음의 경지에까지 이르는 포괄적인 도덕적 인식"을 지칭하는 것이다.

자아! 이제 한번『신기통神氣通』에 나오는 "경험소자(經驗少者), 지각역소(知覺亦少); 경험다자(經驗多者), 지각역다(知覺亦多)。"[10]라는 말을 한번 살펴보자. 어떻게 이것이 오늘날 서양철학적인 의미에서의 경험(experience)과 지각(sensation)의 관계를 논하는 경험주의적 명제(Empiricist proposition)가 될 수 있겠는가? "경험다자(經驗多者), 지각역다(知覺亦多)。"를 "경험이 많은 사람은 지각 또한 많다"라고 번역한다면 이것은 넌센스 중의 넌센스가 될 것이다. 현대어에서 경험이라는 말의

---

9)『孟子』「萬章」上, 7.
10)『神氣通』卷一, 42b.

외연은 지각이라는 말의 외연보다 큰 것이다. 다시 말해서 지각(sensation)이 많으면 경험(experience)이 많다라는 명제는 의미가 있을 수 있으나, 경험이 많으면 지각이 많다는 명제는 별다른 의미가 있을 수 없는 것이다. "경험다자(經驗多者), 지각역다(知覺亦多)."는 "체험(증험)을 거치는 것이 많을수록 알고 깨닫는 것이 역시 많다"라는 매우 단순한 우리의 상식을 전하는 언표인 것이다. 그 의미맥락은 이미 록크의 타부라 라사(tabula rasa)적인 감각경험과는 별 관계가 없는 매우 포괄적인 우리의 지적활동을 지칭하는 것이다. 어찌 이러한 혜강의 언급을 단장취의하여 "경험주의"를 운운할 수 있으리오?[11]

"신기통"(神氣通)이라 할 때의 "신기"(神氣)도 지각(知覺: 알고 깨달음)의 주체로서 설정된 것이지마는,[12] 그것은 이미 우주적 함의(cosmic significance)를 지닌 것이며, 단순히 대상세

---

11) 朴鍾鴻, "崔漢綺의 經驗主義,"『實學思想의 探究』(서울: 玄岩社, 1974), pp.318~380.

12) 天民形體, 乃備諸用, 通神氣之器械也。目爲顯色之鏡, 耳爲聽音之管, 鼻爲嗅香之筒, 口爲出納之門, 手爲執持之器, 足爲推運之輪。總載於一身而神氣爲主宰。『神氣通』序 1a.
神氣者, 知覺之根基也; 知覺者, 神氣之經驗也。『神氣通』體通, 經驗乃知覺, 卷一, 42b.

계와 구분되는 감각의 주체로서 설정된 것이 아니다. "지각자(知覺者), 신기지경험야(神氣之經驗也)。"라고 한 것도 그 우주적인 현존(現存)의 신기(神氣)가 나의 주체적 증험을 거치게 됨으로써 "알고 깨달음"의 현상을 노정시킨다는 의미인 것이다. 어찌 이런 말들이 선험적(a priori)인 이성의 주관성에 대하여 상대적으로 설정한 후천적(a posteriori) 경험의 명제로서 해석될 수 있단 말인가?

신기통(神氣通)의 "통"(通)도 주체(subject)와 객체(object)의 치립(峙立)을 전제로 한 서구의 모든 인식론적 논의와는 판이한 것이며, "통"(通)이라는 말 속에는 방향성이 전제되어 있질 않은 것이다. 즉 주관에서 객관으로의 일방성, 혹은 객관에서 주관으로의 일방성(一方性)이 아닌 양방성(兩方性)이며, 다방성(多方性)이며, 무방성(無方性)이다. 그리고 통(通)을 담당하는 감각기관의 경우도 기본적으로 전통적인 "구규"(九竅, Nine Orifices)를 전제로 한 것이며, 이것은 전오식(前五識)을 말하는 인도의 인식론이나 오관(五官, Five Senses)을 말하는 서구의 인식론과는 전혀 그 개념적 틀이 다른 것이다. 이것은 인도유러피안어족의 인식론과 한자문명권의 인식론의 차이에서 생겨나는 문제들이며, 이를 명료히 깨닫지 못하면 "신기통"(神氣通)의 조목들을 이해할 수 없게되는 것이다. 구규(아홉구멍)를 말한다면, 눈구멍으로 보는 목통(目通)이나, 생식구멍으로 느끼는 생통(生通)이 동일한 지각(知覺)의 차원이 되는 것이다. 눈구멍, 코구멍, 귀구멍, 똥구멍, 자지·보지구멍을 동일한 차원에서 논의하는 신기(神氣)의 인식론을 가지고 경험주의니 이성주의니 하는 부당(不當)한 언설을 뇌까린다면 어찌 그로써 혜강학의 전체대용(全體大用)을 논할 수 있으리오!

"추측"(推測)도 현대 우리말에 있어서는 "inference"라는 뜻 이상의 의미를 가지지 못한다. 허나 혜강의 "추측"(推測)이란 "추"(推)와 "측"(測)의 합성어일 뿐이다. 추(推)와 측(測)은 근원(近遠), 귀천(賤貴), 면방(面方), 소대(小大), 시종(始終), 천심(淺深) 등의 분별을 지니는 것이지만, 이는 항상 상대적인 것이므로 오로지 확충(擴充)의 변증법적 관계로서만 의미를 지니는 것이다. 즉 근(近)을 추(推)하여 원(遠)을 측(測)한다 하지만, 시간이 지나면 원(遠)이 근(近)이 될 수도 있는 것임으로 원(遠)이 또 다시 추(推)의 시발점이 될 수도 있는 것이다. 이렇게 해서 부단히 우리의 지각(知覺, 알고 깨달음)을 확충시켜 나가는 것이다. 이것이 그가 말하는 "확지지요"(擴知之要)인 것이다.[13] 신기(神氣)는 인간 존재의 존재론적 측면이요, 추측(推測)은 인식론적 측면이다. 그것은 체(體)와 용(用)의 관계를 이루는 것이나, 혜강에 있어서 체와 용은 항상 변증법적 가변관계에 있다. 따라서 추기측리(推氣測理), 추정측성(推情測性), 추동측정(推動測靜), 추기측인(推己測人), 추물측사(推物測事)의 모든 관계가 변증법적인 확충의 과정(Process)에 놓여있을 뿐이다.

혜강이 "인신형체(人身形體), 시일기계야(是一器械也)"라고 한 것을 들어 혹자는 혜강이 인간을 기계론적으로 파악하였다 하는 낭설을 함부로 이야기하나,14) 이것 또한 오치(誤置)된 동시성의 오류(The Fallacy of Misplaced Correspondence)의 한 예에 불과한 것이다. 그가 말하는 기계(器械)는 현대어의 기계(機械, machine)가 아니다. 이것은 무생명적인 파트(part)의 조합으로서 작동되는 기계를 의미하는 것이 아니라, 어디까지나 신기(神氣)를 주체로 하는 유기체적 통합체(organic totality)를 의미하는 것이다. "통신기지기계"(通神氣之器械)라고 한 것은 끊임없이 신기(神氣)를 통(通)하는 유기적 관계에 있는 형체(形體)라는 뜻이다.15)

---

13) 周孔之學, 從實理而擴其知, 以冀進乎治平, 則氣爲實理之體, 推測爲擴知之要.「氣測體義序」2b.

14) 『조선철학사』, p.301.

15) 天民形體, 乃備諸用, 通神氣之器械也.「神氣通序」1a.

혜강 최한기와 유교

이런 식으로 모든 문제를 지적하다보면 본론에 진입할 길이 없을 것이다. 그래서 내가 첫번째 문제로서 "번역"의 문제를 제기한 것이다. 원전의 번역이 선행하지 않는 모든 연구논문은 기본적으로 이러한 오류에 함몰되기 쉽다. 번역의 제일의 원칙은 "문자의 동일성"이 아닌 "의미의 동시성"이다. 단순한 문자의 동일성 때문에 의미의 동시성을 파괴하는 오류를 범해서는 아니되는 것이다. 그것은 단순한 문자의 문제가 아니라 인식론과 세계관의 차원의 혼동을 야기시키는 것이다. 이러한 말들이 쇄언(瑣言)인 듯한 느낌을 줄지는 모르겠으나 우리나라 스칼라십 전반에 깔려있는 매우 중대한 오류일 수도 있다는 것을 나는 지적하는 것이다. 우리나라 학인들은 진리를 들으면 불쾌해 한다. 진리는 항상 기존의 관념을 파괴하는 힘이 있기 때문이다. 혜강 저작의 전체 또한 이러한 불쾌감의 희생물일 것이다.

임형택(林熒澤)의 말대로 혜강의 충동(充棟)하는 저작물들이 "풀잎하나 움직일 바람도 일으키지 못했다"면[16] 그 죄업을 또 다시 누구에게 돌려야 할 것인가? 그리고 2세기가 지난 폐허의 잿더미 속에서 그의 저작편린 몇 개를 끄집어내서

---

16) 林熒澤, "개항기 유교지식인의 '근대'대응논리," 『大東文化硏究』第38輯(서울: 大東文化硏究院, 2001), p.122.

자신의 해석의 권위만을 고집하며 또 다시 건강한 비판에 대하여 불쾌감의 눈살만 찌푸리고 있다면, 과연 문학(問學)의 효용이 어디에 있을까 보냐?

실로 내가 여기에 제출한 문제는 한문고전 원전과 서양고전 원전의 양면에 깊은 체득이 없으면 항상 빠지기 쉬운 오류인 것이다. 모든 텍스트(text)는 콘텍스트(context) 속에서만 의미를 갖는 것이다. 그리고 콘텍스트는 궁극적으로 우주론·인식론의 전체대용(全體大用)과 관련되어 있다. 그리고 그것은 항상 열려진 지평(open horizon)위에 놓여있는 것이다.

6. 인정(人政)이란 무엇인가? 그것은 "인(人)의 정(政)" (Government by Man)이다. 다시 말해서 정치란 어떤 시스템이 하는 것도 아니요, 지고의 도덕적 원리가 하는 것도 아니라는 것이다. 그것은 오직 사람이 하는 것이라는 뜻이다. 따라서 바른 사람이 적재적소에 잘 들어서야만 정치가 제대로 될 수 있다는 것이다. 거번먼트 바이 맨 ! 이것이 인정(人政)이다 ! 그가 인정을 고집하는 한에 있어서는 역시 유가(儒家)일 뿐이요, 그것이 바로 혜강의 장처(長處)이자 단처(短處)요,

위대함이자 곧 한계다. 그러나 그가 말하는 유학이라는 것은 후대의 어느 지파나 사승관계를 말하는 것이 아니요, 자신이 독자적으로 해석하는 "주공지학"(周孔之學)일 뿐이다. 『기측체의』서(序)에 이르기를:

주공과 공자의 배움이란 실제적인 이치를 따라 좇고, 앎을 끊임없이 확충시켜, 나라를 다스리고 천하를 평화롭게 하는 데까지 나아가기를 바라는 것이다.

周孔之學, 從實理而擴其知, 以冀進乎治平。

이 짧은 한 문장 속에 "학(學), 리(理), 지(知), 치평(治平)"이라는 혜강철학의 키워드들이 함축적으로 들어가 있다. 다시 말해서 학문(learning)이란 확고한 보편적 법칙(scientific laws)을 따라야 하는 것이며, 그러한 법칙을 따를 때만이 진정한 지식(*episteme*)이 성립하는 것이며, 궁극적으로 인간의 지식이란 사회적 실천(social realization)에 이를 때만이 값어치를 지니게 된다는 것이다.

우리가 흔히 혜강의 『기학氣學』의 사상을 "천인운화"(天人運化)로 요약하는데, 그 천인운화는 보통 일신운화(一身運化), 통민운화(統民運化), 천지운화(天地運化)의 세 레벨로 나뉘어 논의된다. 일신운화(一身運化)는 인문과학(humanities)의 분야, 통민운화(統民運化)는 사회과학(social science)의 분야, 천지운화(天地運化)는 자연과학(natural science)의 분야에 해당된다고 본다면, 혜강의 기학이란 이 인문과학·사회과학·자연과학을 일통(一統)하는 통일장론이라고도 말할 수 있는 것이다.17)

일신운화一身運化	**인문과학**	humanities
통민운화統民運化	**사회과학**	social science
천지운화天地運化	**자연과학**	natural science

그런데 이 세 레벨의 운화는 다음과 같은 확충과 승순(承順)의 연속적 관계에 있는 것으로만 보기에는 어려운 측면이 있다.

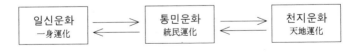

---

17) 박희병의 최근 저술에도 이와 비슷한 논의가 있다. 朴熙秉, 『운화와 근대』(서울: 돌베개, 2003), pp.27~30.

천인운화(天人運化)의 핵심적 두 축은 역시 일신운화(一身運化)와 천지운화(天地運化)의 상호적 관계에 있으며 이 일신운화와 천지운화의 존재이유는 궁극적으로 통민운화(統民運化)를 구현하는 데 있다고 보는 것이다. 주공지학(周孔之學)의 궁극적 소이연이 치평(治平)에 있는 것이다. 기학(氣學)의 추뉴(樞杻)는 어디까지나 통민운화(統民運化)다.[18]

혜강은 말한다:

통민운화야말로 기학의 중심축이다. 일신운화는 통민운화

---

18) 박희병은 一身運化・統民運化・天地運化를 너무 연속적으로 파악하는 성향이 있다. 물론 그러한 관점도 혜강의 생각에서 벗어나는 것은 아니지만 統民運化의 특수성을 강조하는 것이 보다 혜강 본래의 프레임웍에 접근한다고 보아야 할 것이다. 박희병의 최근 논문은 이 점을 잘 강조하고 있다. 朴熙秉, "崔漢綺 사상에 있어서 自然과 人爲의 관계,"『大東文化硏究』第42輯(서울: 大東文化硏究院, 2003), pp.123~4.

에 준거해야만 나아가고 물러날 바가 있게 되고, 대기운화(=천지운화)도 통민운화에 미쳐야만 어긋나거나 넘치는 바가 없게 된다. 만약 일신운화가 통민운화에 준거하지 않으면 인도를 세워 정교(政敎)를 행할 방법이 없을 것이요, 대기운화도 통민운화에 달하지 않으면 표준을 세워 범위를 정할 길이 없을 것이다.

統民運化, 爲氣學之樞杻。一身運化, 準於統民運化, 有所進退; 大氣運化, 達於統民運化, 無所違越。若一身運化, 不準於統民運化, 則無以立人道行政敎; 大氣運化, 不達乎統民運化, 則無以建標準定範圍。[19]

그런데 이 말을 언뜻 들으면 매우 근사하게 들리나, 자세히 그 원위(原委)를 살펴보면 좀 어폐가 있는 듯이 들린다. 다시 말해서 일신운화(一身運化)와 통민운화(統民運化)의 관계에 있어서는 그 연속성에 아무런 문제가 없다. 그것은 인문과학과 사회과학을 연결하는 데 크나큰 어려움이 없는 것과도 같다. 그러나 대기운화(大氣運化=天地運化)와 통민운화(統民運化)의 관계에 오면 언뜻 쉽사리 납득이 가지 않는다. 대기운화(大氣運化)가 통민운화(統民運化)에 달(達)해야 위월(違越)이 없다 함은 과연 무슨 말인가? 날씨도 좋은 정치를

---

19) 『氣學』卷二, 39b.

만나야 좋아진다는 것인가? 거꾸로 정치를 잘하면 날씨도 좋
아진다는 말일까? 자연과학의 법칙이 사회과학에 준거해야
한다는 말이 과연 가능한 말일까? 혜강이 운화(運化)를 수
(修)·제(齊)·치(治)·평(平)의 네 단계로 나누어 설명한 대
목을 한번 살펴보자.

> 일신운화는 수신의 요체가 되는 것이요, 교접운화는 제가의
> 요체가 되는 것이요, 통민운화는 치국의 요체가 되는 것이
> 요, 대기운화는 평우내의 요체가 되는 것이다. 크고 작은 범
> 위가 제각기 해당되는 바가 있다.

> 一身運化爲修身之要, 交接運化爲齊家之要, 統民運化
> 爲治國之要, 大氣運化爲平宇內之要。大小範圍, 各有
> 攸當。[20]

수신修身	일신운화一身運化
제가齊家	교접운화交接運化
치국治國	통민운화統民運化
평천하平天下 (평우내平宇內)	대기운화大氣運化

---

20) 『人政』卷九,「教人門」二, 敷運化平宇內。이 부분은 페이지 표시
　 가 없다.

여기서 또 문제가 되는 것은 대기운화(大氣運化)가 평천하(平天下)와 동차원에서 논의되고 있다는 것이다. 분명히 혜강이 말하는 "평천하(平天下=平宇內)"는 일국(一國)의 범위를 넘어서는 만국(萬國)의 평(平)이다. 그렇다 해도 그것은 어디까지나 인간세요, 인간의 문명권이다. 일국(一國)은 사회과학의 영역이요, 만국(萬國=天下)은 자연과학의 영역이라는 이야기가 과연 가능할까?

혜강의 문장을 자세히 뜯어보아도 이러한 우리의 질문에 명료한 해답을 줄 수 있는 단서는 발견되지 않는다. 상기의 문장에 뒤이어 이런 이야기가 나온다.

> 대기운화를 따르는 것이 선이 되고, 대기운화를 거역하는 것이 악이 된다는 것은 천하의 사람들에게 모두 적용되는 것이며 조금도 어그러짐이 없다. 이를 들어 천하를 평화롭게 만드는 교화를 베풀면 천하가 모두 평화롭게 될 것이다.

> 大氣運化, 承順爲善, 迬逆爲惡, 宇內皆同, 一無差謬。舉此以施平宇內之敎化, 則宇內可平矣。[21]

---

21) 『人政』卷九, 「敎人門」二, 敷運化平宇內。 "迬"는 원문에 "遙"로

여기서도 우리가 알 수 있는 것은 대기운화(大氣運化)의 승순(承順)과 오역(迕逆)이 천하(天下)의 평(平)·불평(不平)의 조건이 된다는 추론뿐이다. 그러나 이러한 추론이 반드시 평천하(平天下)에 한정된다고 간주될 수는 없는 것이다. 그러나 혜강은 부지불식간에 일국(一國)의 범위를 넘어서는 천하(天下)의 세계는 일국(一國)의 사회적 논리를 넘어서는 어떤 기화(氣化)의 보편적 법칙이 지배하고 있다고 막연히 생각했을 수도 있다. 즉 그의 코스모폴리타니즘(cosmopolitanism)에는 기화(氣化)의 보편성에 대한 막연한 낙관주의(optimism)가 미만(彌滿)되어 있는 것이다. 박희병은 혜강사상에 있어서의 자연(自然)과 인위(人爲)의 간격을, 유행지리(流行之理)와 추측지리(推測之理)의 분열[22]과 자연(自然)과 당연(當然)의 분열[23]을 통하여 날카롭게 지적하였지만,[24] 우리는 동시에 혜강의 사유체계에 있어서 자연(自然)과 인위(人爲)가 "운화(運化)의 승순(承順)"이라는 막연한 과학적 낙관주의(scientific optimism)를 통하여 연속적으로

되어 있는데, 遷와 迁는 通字이므로 편한 글자로 썼다.

22) 流行之理, 卽天道也; 推測之理, 卽人道也。『推測錄』卷二, 26a. 여기서 혜강은 天理와 人事를 혼동하면 안된다고 강조한다.

23) 自然者, 天地流行之理也; 當然者, 人心推測之理也。學者, 以自然爲標準, 以當然爲功夫。『推測錄』卷二, 35b.

24) 『大東文化硏究』第42집에 실린 박희병의 논문, "崔漢綺 사상에 있어서 自然과 人爲의 한계."

매개되고 있는 측면을 간과해서는 아니 될 것이다. 혜강에게 있어서 과학은 그것 자체가 하나의 형이상학(metaphysics)이었던 것이다. 그것은 자인(Sein)과 졸렌(Sollen)의 통합체였다. 혜강은 활동운화(活動運化)를 생기(生氣), 진작(振作), 주선(周旋), 변통(變通)으로 이야기하지만,25) 이러한 추상적 언급 이외로 구체적으로 운화(運化)의 내용을 말한 것을 보면 매우 고전적인 과학개념에 국한된 것이었다. 혜강은 말한다:

> 지구와 달과 해와 별이 순환하는 이치가 한 측면이요, 차고 덥고 건조하고 습함이 발작하게 되는 연유가 한 측면이요, 태어나고 자라고 쇠하고 늙는 것에 승순하는 방향이 한 측면이다. 이 세 측면을 합하여 그 요점을 든 것이 곧 운화라는 것이다.

> 地月日星, 循環之理; 冷熱乾濕, 發作之由; 生長衰老, 承順之方。 參合而提要曰運化。26)

제1의 측면은 천문학이요, 제2의 측면은 기상학 같은 류요, 제3의 측면은 생물학·생리학 같은 것이다. 이 모든 것이 중

---

25) 猶爲不足, 則又釋之, 以活生氣也, 動振作也, 運周旋也, 化變通也。『氣學』卷二, 32a.
26) 『人政』「敎人門」二, 敷運化乎宇內.

국에 소개된 서양의 고전적 과학이었다. 그는 이러한 과학적 성과에 눈을 뜸으로써 우주에 대한 새로운 통찰과 충격을 경험하였던 것이다. 그런데 서양의 고전과학은 자연현상을 제일적(齊一的)으로 파악한다. 모든 귀납적 추리에 있어서 특수로부터 보편에로의 도약을 정당화하는 연역적 대전제로서 항상 엄존했던 생각은 자연이 통일적 질서를 가지고 있다는 막연한 기대였다. 이러한 기대를 "자연의 제일성"(Uniformity of Nature, Gleichförmigkeit des Naturlaufs)이라고 부른다. 그러나 혜강의 제일성은 자연계를 넘어서 인간세에까지 연속되는 제일성이었다. 그에게 있어서 인간은 어차피 자연의 일부였던 것이며, 자연의 법칙에 복속되는 존재라고 보았던 것이다. 바로 이러한 제일성을 표현한 말이 "일통"(一統)이었다. 『인정人政』의 벽두에서도 혜강은 "일통지정"(一統之政)을 말하였고, "천인대정지합"(天人大政之合)을 말하였다. 그리고 『기학氣學』에서도 그는 다음과 같이 말한다:

> 기학의 공효는 천지와 인물이 하나로 통일되어 운화하는
> 데 있다.

> 氣學功效, 在於天地人物, 一統運化。[27]

---

27) 『氣學』卷二, 34b.

그가 말하는 일통(一統)은 분명 천기(天氣)와 인기(人氣)가 하나의 연속적·제일적 운화의 법칙에 복속되는 것이다. 그리고 이러한 天·人의 관계는 통민운화에서 완성되는 것이다. 천지운화도 결국 인간이 파악한 법칙의 운화라고 한다면, 그것도 통민운화라고 하는 사회적 책임을 회피할 길은 없는 것이다.

7. 화이트헤드(A. N. Whitehead, 1861~1947)는 서양철학사를 가리키어 하나의 기나긴 플라톤의 각주라고 말한 적이 있다. 그 말은 곧 플라톤의 이데아론적인 2원론이 서양철학사를 줄기차게 지배해왔다는 사실을 의미하는 것이다. 플라톤의 체계에는 확실히 눈으로 보는 세계, 즉 감관을 통하여 보는 세계와, 관념을 통하여 생각하는 세계의 이분법이 있다. 이 이분법이 가시세계(可視世界, kosmos horatos)와 가사세계(可思世界, kosmos noetos), 사물계와 관념계, 현상계(phenomena)와 본체계(noumena), 의견(doxa)과 인식(epistēmē)의 이원적 분별을 초래한 것은 분명하다. 플라톤은 감각(aisthēsis)을 통하여 바라보는 세계는 독사(doxa)일 뿐이며 에피스테메(epistēmē)가 될 수 없다고 생각한다. 그것은 허상이요 덧없는 그림자일 뿐

이다. 에피스테메(진리의 참된 인식)는 오로지 지성(nous), 즉 우리의 관념에 의하여 달성되는 것이다. 그리고 우리의 지성이 바라보는 세계가 바로 이데아(Idea)의 세계다. 이데아란 사물의 본 모습이요, 궁극적 파라데이그마(paradeigma) 즉 본이라는 것이다. 물론 이러한 발상이 감각적 현상계를 무시하고 그 실재성을 거부하며, 관념적 본체계만의 실재성을 인정하는 초월주의(trascendentalism)로 발전될 가능성은 플라토니즘에 항상 깔려있다. 그러나 이러한 초월주의는 후대 기독교가 로마세계로 진입하면서 로마세계에서 해석된 플라토니즘을 기독교적으로 재해석하면서 강렬하게 부상된 것이다. 플라톤의 이데아는 기독교의 천당과 쉽게 결합되어버렸던 것이다.

그러나 이러한 플라톤의 이원적 인식론과 세계관이 언급된 맥락은 어디까지나 그가 생각하는 이상국가의 정체(politeia)에 관한 대화의 맥락일 뿐이었다. 다시 말해서 이 세계를 어떻게 이원론적으로 바라볼 것인가 하는 인식론이 그의 학문의 목표가 아니라, 어떻게 이상국가의 폴리테이아를 건설하는가 하는 것이 그의 학문의 목표였던 것이다. 그의 이데아론은 사회적 실천을 위한 수단·방편에 불과한 것이었다. 그것은 이 우주에 대한 궁극적 인식의 체계가 아니라 이상국가를 다스리는 수호자(phylax)들의 교육(paideia)의 한 방편이었다. 이것은 마치 혜강의 『기측체의』의 인식론과 『기학』의 우주론이 『인정』의 실천론으로 귀결되는 것과도 같은 동일한 논리구조인 것이다. 동서고금의 모든 철인들의 궁극적 관심은 "인간세의 좋음"이었다. 그것은 곧 통민운화의 선(善)이었던 것이다. 혜강의 『인정』과 플라톤의 『폴리테이아』는 매우 유사점이 많다.

플라톤의 궁극적 관심은 수호자들, 애지자들(philosophers)로 하여금 선의 이데아를 갖도록 만드는 것이다. 선의 이데아란 선 그 자체(auto to agathon)를 말하는 것이다. 그런데 선(善)이란, 결코 플라톤에게 있어서 후대의 사람들이 상식적으로 생각하듯이, 명사화 되어있는 실체가 아니다. 그것의 실제적 함의는 "좋다"라는 술부적 상태이다. 즉 선은 좋음(agathon)이다. 좋음은 훌륭함(aretē), 올바름(dikaiosynē), 아름다움(kallos)과 연관되어 의미를 갖는다. 『폴리테이아』의 전체의 대화가 "정의는 강자의 편익 이외에 아무 것도 아니다"라고 주장하는 소피스트 트라시마코스(Thrasymachos)의 변론을 산파술적으로 논파해 나가는 과정으로 되어있다. 이때 정의(正義)는 "올바름"이다. 이것은 곧 사회가 어떻게 되어야만 올바른 사회라 할 수 있는가라는 질문으로 환원되는 것이다. 그것은 단순히 정의라는 개념의 명료화작업은 아닌 것이다.

좋음의 동의어는 훌륭함이다. 이 훌륭함을 아레떼(aretē)라고 하는데 이것을 보통 덕(virtue, Tugend)이라 번역한다. 이러한 번역이 플라톤의 종지(宗旨)를 그르치게 만드는 것임에는 더 말할 나위가 없다. 그것은 그냥 좋음, 즉 훌륭함(excellence)이다. 훌륭함이란 어떤 일(ergon)을 기능적으로 잘 수행해내는 능력을 말하는 것이다. 즉 "좋은 눈"이란 "보는 기능을 훌륭하게(excellently) 수행해내는 눈"인 것이다. 결국 인정(人政)의 핵심도 어떻게 모든 사람들이 자신의 훌륭한 덕성을 발현케 만드느냐, 그렇게 해서 사·농·공·상의 모든 직분이 제 기능을 발휘케 만드느냐에 집중되어 있다. 플라톤에 있어서도 사회정의(dikaiosynē) 즉 올바름이란 사람의 훌륭함에서 발현되는 것이다(『폴리테이아』 335c).

플라톤이 좋음의 이데아를 강조하는 가장 근원적인 이유는 사람들이 "좋은 것들"만을 보고, "좋음 그 자체"를 인식치 못한다는 데 있다. 좋은 것들이란 감각의 대상이며, 독사(doxa)의 대상이다. 좋음 그 자체는 지성(nous)의 대상이며, 에피스테메(epistēmē)의 대상이다. 훌륭한 수호자가 되려면 감각에 이끌려서는 아니 될 것이며, 현상 속에서 생멸을 계속하는 감각적 대상이 아닌 그것들의 본 즉 파라데이그마(paradeigma)를 직시해야 하는 것이다. 좋은 것들은 결국 우리의 쾌락(hēdonē)이나 탐욕(pleonexia)의 대상이 된다. 그러나 쾌락에 탐닉하면 어떠한 경우에도 "좋음"이 유지될 수 없다. "좋음"이란 "절제"(sōphrosynē)나 "사려깊은 분별"(phronēsīs) 속에만 유지되는 것이다. 쾌락보다는 절제가 확실히 좋은 것이다. 인간을 선의 이데아로 인도하는 길은 절제에 있는 것이다. 다시 말해서 그가 독사와 에피스테메의 이원적 인식론을 말한 것은 수호자의 교육을 위한 실천론적 방편이었으며, 그 방편의 결론은 적도(適度, to metrion)와 균형(to symmetrion)의 창출이었던 것이다. 적도가 인간의 행위와 관련될 때 그를 중용(to meson)이라 부르는 것이다. 이러한 중용이야말로 자연과 인간과 기술이 따르지 않을 수 없는 원리(archē)인 것이다. 그러한 원리에 의하여 항상 수호자가 배출될 수 있는 사회구조를 유지하는 것, 그것이 바로 폴리테이아, 즉 정치의 핵심이다. 그러한 사회구조의 유지는 교육(paideia)과 양육(trophē)과 법률(nomos)의 삼위일체적인 통제된 사회체제를 요구하는 것이다. 그렇게 해서 시민들의 일상적인 에토스(ēthos)를 형성시켜야 하는 것이다. 에토스란 지금은 사회적 관습을 의미하지만, 플라톤의 본래적 의미는 사람의 습관, 그 습관에서 형성되는 인격을 의미하는 것이다.

최한기의 『인정』의 언어에는 플라톤에서 보여지는 바와 같은 감각과 지성의 이원적 틀은 없다. 그러나 그에게는 분명히 조선왕조를 지배해온 모든 유교적 에토스에 대하여 과학이라는 새로운 에토스를 긴장관계로서 설정하고 있다. 그에게는 과학이야말로 진정한 인식이며 에피스테메인 것이다. "과학"(科學)이라는 말은 분과(分科)된 학문(學問)이란 뜻으로 일본사람들이 만든 말이다. 그런데 최한기의 과학은 과학(科學)이 아닌 통학(通學, Unified Science)이었다. 그 통학(通學)을 그는 기학(氣學, Science of Gi, Science of Qi)이라고 부르고 있는 것이다. 『인정』은 바로 어떻게 이 새로운 기학의 방법론에 의하여 사람을 헤아리고, 가르치고, 뽑고, 쓰느냐에 관한 세목인 것이다.

8. 최한기의 최대의 약점은 인간론만 있고 제도론이 빈약하다는 것이다. 「선인문選人門」서 과거제도에 대한 개탄은 있으나, 그 과거제도를 혁신시킬 수 있는 근원적인 사회개혁론은 제시하고 있질 못하다. 최근에 우리사회가 "입시제도의 개혁"을 끊임없이 시도했지만 이런 말단의 "개혁 아닌 변경"으로서는 사회적 개선이 근본적으로 불가능하다는 것을 우리

는 너무도 절감해왔다. 과거제도의 혁신은 인간의 선용(選用)을 새롭게 하는 근원적인 사회제도의 구상이 없이는 불가능한 것이다. 이러한 논의의 최종적 귀결은 혜강이 조선왕조의 군주체제에 대한 새로운 대안을 생각치 않았다는 데 있다. 플라톤은 욕망의 절제를 위하여 사유재산의 철폐를 주장했고, 사유재산의 철폐를 위하여 가족을 파괴시켰다. 어찌 되었든, 도덕적 목적을 위하여 과격한 사회질서의 개편을 관념적으로나마 구상하였던 것이다. 그러나 혜강은 군주제를 극복하는 입헌군주제나 공화제, 의회민주주의 같은 것은 생각해보지를 않았다. 그의 이러한 무관심을 본격적 개화 이전의 안온한 시기의 시대적 산물이라고 쉽게 말하는 자도 있지만, 혜강이 『인정』을 완성한 해는 바로 최수운(崔水雲)이 득도하던 해였고, 이미 거대한 동학의 소용돌이가 물결치고 있었다. 19세기초부터 홍경래란 등 민란이 끊임없이 일어났고, 1840년에는 아편전쟁이 발발하여 서세동점(西勢東漸)의 비극적인 개벽이 조선사회의 질서감을 근원적으로 붕괴시키고 있었다. 이러한 시대적 아픔을 누구보다도 몸소 선각적으로 체험했어야 하는 혜강에게서 근원적인 제도적 사회처방이 부재하다는 것은 그의 정보력의 한계로 보기에는 너무도 안일한 것이었다.

이러한 문제에 관하여서도 최근 여기저기서 논의가 진행

중이나, 나의 생각은 혜강이 너무 지나치게 자신의 기학(氣學)체계에 함몰되었다는 것이다. 즉 과학이라는 새로운 가능성에 대한 지나친 낙관적 신념이 현실문제를 너무 안일하고 낙관적인 틀 속에서 보게 만든 것이다. 과학적 옵티미즘이 결국 그의 형이상학적 한계였던 것이다. 그의 사유를 특징지우는 것은 "승순"(承順)이라는 막연한 연속성이다. 이 연속성은 역사의 연속성, 다시 말해서 제도의 연속성으로 나타난다. 그리고 이것은 제도가 결국 개선되리라는 막연한 낙관적 기대로 나타난다. 점진적 개선 아닌, 급진적·근원적 개혁을 혜강은 생각치 못했다. 그의 코스모폴리타니즘은 박희병의 말대로 "두 세기를 앞서 태어난"28) 기화(奇花)일 것이지만, 그의 코스모폴리타니즘에 깔린 낙관주의는 역사의 단절을 단절 그대로 직시하지 못하는 관념성을 내포한다. 그의 주기론의 치열한 논리가 아이러니컬하게도 주리론적 삶의 틀 속에서 이루어진 것이라는 나의 단상은 너무 지나친 이야기일까?

9. 측인(測人)의 측(測)은 그가 30대에 확립한 "추측"(推測)의 인식론을 전제로 한 것이다. 「측인문測人門」 342조는 다음과

---

28) 박희병, 『운화와 근대』(서울: 돌베개, 2003), p.185.

같이 구성되어 있다.

서序	1859년 2월
측인총론測人總論	134조
용모容貌	60조
행사行事	44조
오륜五倫	3조
천인운화天人運化	49조
지위地位	15조
인도人道	23조
감평鑑枰	14조
총	342조

"사람을 헤아린다"함은 "사람을 평가한다"는 뜻이며, 직접적으로는 "인터뷰한다"는 뜻을 내포할 것이다. 측인학(測人學)이라는 것은 오늘말로 하면 "인터뷰학"이라고 말해도 될 것이다. 그런데 사실 "헤아린다"는 것은 단지 대상에 대한 평가(evaluation)만을 의미하는 것은 아니다.

어리석은 자가 지혜로운 자를 헤아리는 것은 어찌 그 지혜로움을 헤아리기를 기대할 수 있겠느냐마는, 지혜로운 자가 어리석은 자를 헤아리게 되면 항상 그 어리석음을

벗어나게 한다. 몽매한 자가 현자를 헤아리는 것은 정도
에 반하거나 지나치지만, 현자가 몽매한 자를 헤아리게
되면 항상 그 미치지 못한 점을 계도한다.

愚者之測知者, 詎望測其知也, 知者之測愚者, 常越其愚。
蒙者之測賢者, 若不反則過矣。賢者之測蒙者, 常導其不
逮也。[29]

헤아림은 헤아림에 머무는 것이 아니라 그것은 인간을 변
화시키는 힘이 있다. 측인(測人)은 평가일 뿐 아니라 행위(行
爲)이다. 측(測) 속에는 이미 교(敎)·선(選)·용(用)의 공능
(功能)이 포섭되어 있는 것이다.

10. 전통적으로 인터뷰학 혹은 인간감정학에 해당되는 것
이 있었다. 소위 관상학(physiognomy)이라는 것이 그것이다.
혜강은 「측인문測人門」 전편을 통하여 이 상학(相學) 즉 상술
(相術)이라는 것을 계속 의식하고 있다. 그리고 상술(相術)의
성과를 활용하기도 한다. 그러나 혜강은 전반적으로 관상학
의 의의를 부정적 맥락에서 취급한다. 바로 이것이 그의 기
학적 과학주의의 특성이요, 건전한 상식주의의 견지다. 상술

---

29) 『人政』 卷二, 15a.

이 지향하는 것은 용모의 귀격(貴格)과 천격(賤格)을 가리는 것이지만 혜강은 인간의 진정한 귀・천(眞貴賤)은 용모(容貌)에 있지 않고 행사(行事)에 있다는 것이다. 외면적 형(形)에 있지 않고 내면적 기(氣)에 있다는 것이다. 참귀천은 운화(運化)와 인도(人道)에 있다는 것이다. 운화(運化)는 지(知)요 인도(人道)는 행(行)이다. 그의 논리에는 방금(方今)의 실천주의가 일관되게 깔려있는 것이다. 그리고 그에게서 귀(貴)와 천(賤)은 어떠한 경우에도 신분(身分, status)의 고하(高下)를 의미하지 않는다. 그리고 귀천(貴賤)은 품기(稟器)에 대비되는 것으로, 후천적이며 가변적인 것일 뿐이다.

11. 사실 그의 기학(氣學)은 근원적으로 과학화될 수 없는 세계를 과학화하려는 노력일지도 모른다. 혜강 자신이 아인슈타인처럼 어떤 과학적 법칙을 새롭게 발견한 사람은 아니다. 단지 서양에서 발전한 과학이 천인(天人)을 관통하는 활동운화의 법칙을 밝혀주리라는 낙관적 믿음이 있었을 뿐이다. 이러한 믿음이 있었기에 그는 인간이 생각할 수 있는 모든 영역을 포괄하는 어떤 일반화된 체계를 구상할 수 있는 용기를 가질 수 있었다. 그리고 그것은 일본의 "근대"가 우리문명을 잠식하

기 이전의 순수한 우리자신의 자생적인 사고체계이기 때문에 고귀한 것이다. 우리는 아직까지도, 일본인이 오염시켜놓은 자신의 모습으로부터 해방되어 있지 못한 것이다.

그의 측인(測人)이라는 인간감정학도 근원적으로 과학화될 수 없는 것을 과학화하려는 시도로 집필된 것이다. 어찌 보면 매우 나이브하지만, 나이브하기 때문에 순결하고 또 과감한 것이다. 과연 인간을 평가하는 것을 과학화할 수 있을까? 과연 혜강은 이런 시도에 성공하고 있는가?「측인문測人門」을 구성하는 8부문 중, 마지막에「감평鑑枰」이라는 독립 논저가 실려있다. 이것은 혜강이 1838년(戊戌九月), 그러니까 36세 되던 해에 집필한 것이다. 그것은『인정』이 완성되기 무려 22년을 앞서 저술된 것이다. 그러니까 그의『인정』의 구상은 이미『기측체의』를 쓴 직후에 시작되었다고도 말할 수 있는 것이다.

사람을 평가하는 것을 과학화한다는 것은 과연 어떤 뜻일까? 과학화라는 것은 객관화를 의미한다. 객관화라는 것은 많은 사람들이 보편적으로 수긍할 수 있는 어떤 기준을 제시하는 것이다. 이러한 객관화를 위해서 서양전통이 추구한 것은 "수량화"(quantification)였다. 혜강은 이런 수량화의 원칙을 충분히 숙지하고 있었다. 인간평가의 수량적 기준을 제시한 것이 「감평鑑枰」이다. 그러니까 감평은 측인의 과학적 기준인 것이다.

12. 「감평」은 한 인간의 5측면을 검토한다. 기품(氣稟)·심덕(心德)·체용(體容)·문견(聞見)·처지(處地)가 그것이다. 기품(氣稟)이란 사람이 태어날 때 하늘과 땅으로부터 받은 선천적인 바탕이다. 심덕(心德)이란 사람의 마음이 얻어 축적하는 것이다. 그러므로 이것은 후천적인 것이다. 체용(體容)이란 형체를 이루는 체(體)와, 마음이 밖으로 나타난 용(容)을 합친 것인데, 외모와 심중(心中)만을 말한 것은 아니다. 기품과 심덕이 합하여질 때 생겨나는 것이다. 문견(聞見)이란 듣고 보는 것뿐 아니라 마음이 분별하여 취하고 버릴 줄 아는 것까지를 포괄하는 것이다. 처지(處地)란 한 사람이 처한 현재의 상황이다. 이 5가지 측면을 인간의 오구(五具)라고 부른다. 이 오구는 각기 그 주제를 평가하는 4기준이 있다. 일례를 들면 기품(氣稟)에는 강(强, 강인함)·약(弱, 연약함)·청(淸, 해맑음)·탁(濁, 혼탁함)의 4기준이 있다. 이 4기준에 첫 번째와 세 번째는 긍정적인 것이고 두 번째와 네 번째는 부정적인 것이다. 긍정적인 것을 장분(長分)이라 하고 부정적인 것을 소분(消分)이라 한다.

혜강 최한기와 유교

13. 기품·심덕·체용·문견·처지 이 5구는 각기 점수가 있다.

기품氣稟	4분
심덕心德	3분
체용體容	2분
문견聞見	1분
처지處地	0.5분
합계	10.5

혜강이 추구하는 인간은 10분인(十分人)인데 처지(處地)의 0.5분(半分)을 덤으로 더 준 것이다. 그만큼 빈부·귀천의 현재 처지라는 것은 한 인간을 평가하는 데 있어서 중요치 않은 것이라는 생각이 그에게 있는 것이다. 다시 말해서 한 인간이 부자집에 태어나서 돈이 많다는 현재의 처지는 한 인간의 감평에 있어서는 극히 미소한 분수를 차지하는 것이다. 혜강이 점수를 매긴 기준의 배경을 살펴보면 그는 인간의 타고난 선천적 기품을 매우 중시했다는 것을 알 수 있다. 혜강에게 있어서 선천과 후천은 모두 동일한 가치를 지니는 것이다. 그러므로 그를 경험론자 운운할 수 없다는 것은 너무도 명백한 것이다. 체용(體容)에도 선천적 요소가 조금은 들어가

있고, 처지(處地) 또한 그러하다. 그러므로 10.5의 점수 중에서 선천과 후천의 비율은 비슷하게 배열된 것이다.

14. 이 5구에는 각기 4항목의 기준이 다 달려있다. 그 전체를 표로 만들어보면 다음과 같다.

4분	기품氣稟	강강强强	장4분
		약약弱弱	소4분
		청청淸淸	장4분
		탁탁濁濁	소4분
3분	심덕心德	성성誠誠	장3분
		위위僞僞	소3분
		순순純純	장3분
		박박駁駁	소3분
2분	체용體容	후후厚厚	장2분
		박박薄薄	소2분
		미미美美	장2분
		추추醜醜	소2분
1분	문견聞見	주주周周	장1분
		비비比比	소1분
		아아雅雅	장1분
		속속俗俗	소1분
반분	처지處地	귀귀貴貴	장반분
		천천賤賤	소반분
		부부富富	장반분
		빈빈貧貧	소반분

이상의 표에서 인간의 감평 5측면에 각기 장(長)·소(消)한 기준에 점이 찍힐 것이다. 이때 장에 찍히면 플러스(+)점수가 되고, 소에 찍히면 마이너스(-) 점수가 된다. 일례를 들면, 나의 기품이 강하게 태어났다면 4점을 얻는다. 그런데 나의 심덕에 위선(僞)이 있다면 소3분이므로 4점에서 3점을 빼면 1점으로 떨어진다. 나의 체용이 후(厚)하다면 장2점을 얻을 것이므로 2점이 가산되어 3점으로 불어날 것이다. 이런 식으로 5측면을 다 평가하면 일정한 점수가 나올 것이다. 소분보다 장분이 많은 사람은 우(優)가 되고, 장분보다 소분이 많은 사람은 열(劣)이 된다. 그렇게 되면 가장 완벽한 사람은 우10분반의 점수를 얻을 것이고, 최저의 가능성은 열10분반의 점수를 얻을 것이다. 우10분반으로부터 열10분반에 이르기까지 이 표의 순열가능성은 4^5이며, 1024 케이스가 있게된다. 「감평」은 이 1024 케이스를 다 나열해놓았다.

15. 그런데 혜강은 이 5구(五具)만으로 사람을 평가한다는 것이 어려울 상황을 생각해서 5구와 대칭되는 5발(五發)의 기준을 보완용으로 따로 제시해놓았다. 기품(氣稟)이 발

하면 재국(才局)이 되고, 심덕(心德)이 발하면 응변(應變)이
되고, 체용(體容)이 발하면 풍도(風度)가 되고, 문견(聞見)이
발하면 경륜(經綸)이 되고, 처지(處地)가 발하면 조시(措施)가
된다.

5구	5발
기품氣稟	재국才局
심덕心德	응변應變
체용體容	풍도風度
문견聞見	경륜經綸
처지處地	조시措施

16. 이 5발도 5구와 똑같이 각 측면에 4점수 기준이 있다.
일례를 들면 기품(氣稟)에 강(强)·약(弱)·청(淸)·탁(濁)이
있는 것처럼 재국(才局)에도 고(高)·저(低)·명(明)·암(暗)이
있다. 그러므로 기품의 강·약·청·탁으로 점수를 매기나
재국의 고·저·명·암으로 점수를 매기나 똑같다. 기품이
강한 사람은 반드시 재국이 높고, 기품이 약한 사람은 반드
시 재국이 낮기 때문이다. 이런 식으로 5구와 5발은 정확히

대응관계를 이룬다. 그러므로 점수를 매기는 데는 어느 쪽을 참고해도 상관이 없다. 5발을 도표로 표시하면 다음과 같다.

		고高	장4분
4분	재국才局	저低	소4분
		명明	장4분
		암暗	소4분
3분	응변應變	서기恕己	장3분
		수인隨人	소3분
		시종始終	장3분
		한격扞格	소3분
2분	풍도風度	낙樂	장2분
		우憂	소2분
		화和	장2분
		촉觸	소2분
1분	경륜經綸	통通	장1분
		편編	소1분
		거본擧本	장1분
		추말趨末	소1분
반분	조시措施	일逸	장반분
		노勞	소반분
		근勤	장반분
		태怠	소반분

혜강은 1024 케이스에 모두 이 5구와 5발을 대칭관계로 같이 나열해놓았다. 양 측면을 동시에 참고해서 점수를 매기라는 뜻이다. 객관성의 범위를 넓히기 위하여 애쓴 것이다. 이것을 그는 사과열표(四科列表)라고 불렀다.

17. 물론 혜강은 이 사과열표에 의한 인간의 감평점수를 절대적인 것으로 생각치는 않았다. 단지 한 인간에 대한 레퍼런스(reference)의 기준일 뿐이라고 생각했다. 그리고 인간의 품격(品格)은 결국 진수(進修)·변화(變化)한다고 생각했다. 그러나 이러한 감평을 통하여 그 변화의 방향성을 예측할 수 있다고 생각했다. 혜강은 인간의 선·악도 그 사회적 측면을 강조했다. 그리고 그것은 시간의 경과에 따라 축적되고 감소되는 그러한 것이라고 생각했다. 그리고 과거의 성현이라 해서 점수가 높고 오늘의 사람이라 해서 점수가 낮은 그러한 상황은 있을 수가 없다고 했다. 요·순·주공·공자와 같은 성현이 고대에 없었더라면 반드시 그 후대에 똑같이 존경받는 성인이 나타났을 것이라 했다. 그리고 인간의 선악이란 예나 지금이 다를 수 없다는 말로 「감평」을 끝맺었다.[30]

18. 측인(測人)의 궁극적 효용은 인도(人道)를 밝히는 데 있다. 그가 말하는 인도(人道)란 사인(事人)·역인(役人)·교인(交人)·접인(接人)의 도(道)를 말하는 것이나 그것을 오늘 말로 표현하면 휴매니즘(humanism)이라 부를 수 있는 것이다. 그의 휴매니즘은 인간존엄의 보편성과 국가간의 평등성, 운화(運化)의 법칙성, 천인(天人)의 소통성을 의미하는 것이다. 인도(人道)는 곧 인도(仁道)요, 인도란 곧 인(仁)한 마음으로써 천인운화에 달통하는 것이다. 그렇게 함으로써 통민운화(統民運化)를 완성하는 것이다. 그의 「측인문測人門」을 상세히 정독하였으나 기실 그 134조의 내용이 오늘 나의 입장에서 보면 매우 상식적인 것이다. 구태여 체계를 끄집어내서 말을 만들자면 끝이 없을 것이나, 솔직히 말해서 별로 할 말이 없는 소박한 교훈적 내용들이다. 그러나 혜강의 시대에 그의 글들이 상식적인 언표였냐 하는 것은 우리의 심고(深考)를 요(要)하는 것이다.

19. 분명 혜강은 『인정』을 당대의 사람들의 상식을 깨기

---

30) 盖以至善至惡創始者名之, 實非善惡有古今之殊也。『人政』卷七, 69a.

위하여 쓴 것이며, 당대의 사람들이 읽고 분발하기를 갈구하면서 쓴 것이다. 혜강은 말한다:

> 이 「측인문」 전편을 잘 음미하고 숙독하면 비록 그 본뜻을 완전히는 모르더라도, 세상의 물정과 인도의 행사에 모두 간절한 권면과 경계가 아닌 것이 없을 것이다. 여기에 의거하여 친구를 사귀고 여기에 준거하여 사람을 대하면 사람된 도리에 해가 되는 일이 없을 것이다.

> 測人全篇, 玩味熟讀, 縱未得盡本義, 世情物態, 行事人道, 無非剴切之勸戒。依此而擇交, 據此而接人, 無害於人道矣。[31]

그 얼마나 간곡한 말인가? 그러나 당대의 아무도 혜강의 글을 읽지 않았다. 혜강의 절규는 메아리 없이 허공으로 사라졌다. 나 도올은 외친다. 혜강의 비극은, 아니, 우리 조선민족의 역사의 비극은 바로 이 혜강의 글이 그의 탄신 200주년이 되어서야 비로소 몇몇 학인들의 완음(玩吟)의 대상이 되고 있다는 사실에 있다. 혜강의 『기학』이나 『인정』은 바로 그 당대에 학문적 토론의 대상이 되었어야만 그 역사적 의미

---

31) 『人政』 卷六, 24b.

가 발로되는 것이었다는 바로 이 점이 정확히 상기되어야 한다. 혜강은 혜강 자신의 인생의 방금운화(方今運化)를 상실해 버린 것이다. 그것을 선각(先覺)·선지(先知)라는 이름으로 예찬할 수는 없는 것이다. 이러한 혜강의 비극이 오늘 여기서도 되풀이되고 있지는 아니 한지 !

20. 나 도올은 할 말이 많다. 그런데 혜강을 읽다보면, 혜강도 참 할 말이 많았던 사람이라는 생각이 든다. 혜강을 생각하면, 우리는 그래도 우리가 살고 있는 세계에서 우리자신의 학문을 펼칠 수 있는 자유로운 환경 속에 살고있지 않나 하는 생각이 든다. 혜강이 그토록 적막한 고독 속에서 이루어 놓은 그의 막대한 문학(問學)의 성과를 생각하면 우리자신이 부끄럽게만 느껴질 뿐이다. 우리의 나태와 안일, 그리고 비주체적이고 협애한 시각이 끊임없이 반성되는 것이다.

마지막으로 이 불초(不肖)한 학인(學人)에게 이러한 발표의 기회를 주신 성균관대학교 대동문화연구원의 여러 선생님들께 깊은 감사의 마음을 표한다. 여기에 모인 학자들이 공동으로 고민해야 할 것은 또 다시 우리시대의 통민운화(統民運化)일 것이다. 시간과 지면의 부족으로 여기서 각필하겠으나 미진한 점은 열심히 공부하여 보완해 나갈 것이다.

<了>

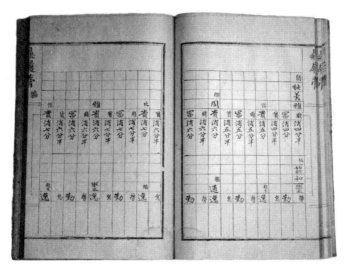

『감평鑑枰』의 필사본

혜강 최한기와 유교

【참고문헌】

1. 崔漢綺, 『增補明南樓叢書』, 전5책, 서울: 成均館大學校 大東文化研究院, 2002.

2. 崔漢綺, 『明南樓全集』, 전3책, 서울: 驪江出版社, 1986.

3. 崔漢綺, 『국역 기측체의』, 전2책, 서울: 민족문화문고간행회, 1979~1980.

4. 崔漢綺, 『국역 인정』, 전5책, 서울: 민족문화문고간행회, 1980~1982.

5. 金容沃, 『讀氣學說 — 최한기의 삶과 생각』, 서울: 통나무, 1990.

6. 金容沃, "氣哲學序說 — 惠岡의 『氣學』을 다시 말한다," 『과학사상』 1999년 가을, 제30호(서울: 범양사, 1999), pp.11~39.

7. 朴熙秉, 『운화와 근대』, 서울: 돌베개, 2003.

8. 權五榮, 『崔漢綺의 學問과 思想研究』, 서울: 集文堂, 1999.

9. 李賢九, 『崔漢綺의 氣哲學과 西洋科學』, 서울: 成均館大學校 大東文化研究院, 2000.

10. 林熒澤, "개항기 유교지식인의 '근대' 대응논리 — 惠岡 崔漢綺의 氣學을 중심으로," 『大東文化研究』 제38집, 서울: 大東文化研究院, 2001.

11. 朴熙秉, "崔漢綺 사상에 있어서 自然과 人爲의 관계," 『大東文化研究』 제42집, 서울: 大東文化研究院, 2003.

12. 李賢九, "崔漢綺 사상의 인식론적 의의," 『大東文化研究』 제43집, 서울: 大東文化研究院, 2003.

13. 文重亮, "崔漢綺의 기론적 서양과학 읽기와 기륜설," 『大東文化研究』 제43집, 서울: 大東文化研究院, 2003.

14. 鄭煥局, "19세기 文論史에서의 崔漢綺의 文章論," 『大東文化研究』 제43집, 서울: 大東文化研究院, 2003.

15. 金容沃, 『도올논어』, 전3책, 서울: 통나무, 2001.

16. 『孟子』

17. 朴鍾鴻, "崔漢綺의 經驗主義," 『實學思想의 探究』(서울: 玄岩社, 1974), pp.318~380.

18. 정진석, 정성철, 김창원 지음, 『조선철학사』, 사회과학원 역사연구소 편, 서울: 이성과 현실사, 1988.

19. 鄭鎭石, 鄭聖哲, 金昌元 著, 宋枝學 譯, 『朝鮮哲學史』, 東京: 弘文堂, 1962.

20. 플라톤 지음, 박종현 역주, 『국가·政體』, 서울: 서광사, 1997.

Hyegang's Thought in his *Scientific Evaluation of Man*

Kim, Young-Oak

Hyegang Choe Han-gi(1803~1877) was a polymath and a man of vision in the mid-nineteen century who, in his attempt to articulate the framework for his new Science of Gi(*Qi* in Chinese), sought to unify the literary tradition of the humanities with the empiricism of the newly burgeoning social and natural sciences. His writings went unnoticed in his time, and he remained unknown until the 1960's. But upon discovery, he stunned the Korean academia with the unmatched massiveness of his output and range of interest. Choe's vast body of work contains ruminations on various realms of science including astronomy, mathematics, mechanics, agriculture, medicine, physical and human geography, epistemology, and, above all, cosmology. He was highly optimistic about Western science's power to open doors to another way of understanding. Choe anticipated that a new, unified science would one day demonstrate the unity of the structure of the cosmos, including nature and human society, operating under the rule of self-consistent laws of nature. With that anticipation, he held an optimistic vision for the future of humanity. His political philosophy was rationally cosmopolitan-minded. Racial prejudice, an unjustifiable conceptual aberration, had no place in his system thought and manner of thinking. Thus, for him, Darwinian justification for imperial expansion would have been also unacceptable. Ideal humanity, according to his vision, was one that would be characterized by the social practice of Mutuality and Symbiosis within Nature that was open to human understanding through science.

This thesis deals with his most comprehensive political

writing, *Injeong*(*Government by Man*). The text in question consists of four sections: Evaluation of Man, Teaching of Man, Selection of Man, and Engagement of Man. In Choe's utopian vision, the ordering of society was to rest upon scientific evaluation of every individual's potential. Any scientific evaluation necessarily implies the existence of some quantitative methodology. Choe's complex program chart, intended to calculate a man's personality and potential, is an important part of his methodology which can still be utilized today as an objective interview program.

This thesis analyzes Hyegang's thought as it appears in his construction of the diagram. It is the aim of this study to elucidate the greatness and, at the same time, the limit of Hyegang's philosophy.

Key words: How to scientifically evaluate man's potential? What is the Science of Gi? How can the ideal vision of society be achieved? Hermeneutical problems concerning Hyegang's writings. Comparison between Plato's *Politeia* and Hyegang's *Injeong*.

혜강의 잡기록인 『횡결泓觖』(1829~) 수사본 속에 수록되어 있는 「추측록
서推測錄序」. 『횡결』에는 「서序」가 두개나 수록되어 있는데, 북경 인화당
에서 출간된 『추측록』의 「서序」와 달라 새로운 학구적 논란을 유발시키고
있다.

【氣哲學序說】

"기철학서설 — 혜강의 『기학氣學』을 다시 말한다"라는 일문(一文)은 1999년 가을 통권 제30호 『과학사상』(범양사)에 실렸던 글이다. 이 30호는 과학과 철학의 대화에 헌신해오신 금곡(琴谷) 이성범(李成範)선생의 서거 1주기 추모특집으로 꾸며졌는데 "최한기의 과학읽기"라는 주제를 내걸고 있다. 과학의 문화적 차원을 이 땅에 인식시키는 데 큰 공헌을 해온 『과학사상』이라는 잡지운동과 그 잡지의 학술적·재정적 후원자였던 이성범선생의 사심없는 노고는 우리 역사에서 꼭 기억되어야 할 부분일 것이다. 나는 이 특집의 권두논문으로 이 글을 썼던 것이다. 나의 논문외로도 이현구의 "최한기의 기학과 근대과학," 박권수의 "최한기의 천문학저술과 기륜설," 이면우의 "『지구전요』를 통해 본 최한기의 세계인식," 여인석의 "최한기의 의학," 신동원의 "최한기의 농학," 노태천의 "최한기의 『심기도설』에 대하여," 김용운의 "최한기의 수학과 수리사상" 7편의 논문이 실려있다. 모두 참고할만한 좋은 글이라고 생각한다. 편집인인 김용정선생은 나의 논문에 대하여 다음과 같은 평어를 부기하여 놓으셨다: "특기할 것은 권두논문으로 우리 나라 신진 석학 도올 김용옥 박사가 혜강의 기학을 중심으로 한 「기철학서설氣哲學序說」을 써주시어 금곡 선생의 뜻을 더욱 빛나게 해주었다는 것이다. 무려 200자 원고지 130매가 넘는 대논문의 옥고를 주신 도올 선생께 충심으로 감사를 드린다. 그 내용 면에서 보았을 때 감흥적인 유인력과 고도의 지성적인 필력을 동시에 겸비한 문장의 표현력은 기철학을 이해하는 데 더할 바 없는 지침 논문이 될 것이다. 2차원 평면에 연출된 김용옥 박사의 글은 긍정문과 부정문의 듀엣에서 다시 의문문의 부가로 트리오를, 그리고 거기에 답변문이 주어짐으로써 콰텟으로 발전하여 4차원의 음악적 하모니를 이루고 있다. …… 기철학의 기폭제가 될 것으로 기대된다."

氣哲學序說

1. 역사는 진보하지 않는다. 역사는 발전하지 않는다. 역사는 전개될 뿐이다. 역사는 흐를 뿐이다. 우리가 흔히 말하는 "역사"라는 것은 시간의 비가역성 위에 그려진 인간 삶의 양태의 연속이다. 역사의 주체는 기(氣)다. 기는 끊임없이 생멸(生滅)한다. 우리가 보통 움직임이나 변화를 말하는 것은 기의 사회(社會)에 관한 것이다. 사회를 구성하는 기들간의 관계방식의 차이를 시공간축에서 연쇄시킨 것이다. 역사의 주체는 기이지만 역사 그 자체는 기가 전개하는 우주속에서의 리(理)의 모험에 관한 것이다. 그 리의 모험을 진보나 발전이라는 말로 기술한다는 것은 조악한 망언이다. 진보는 가치술어이다. 그리고 직선적인 시간의 흐름에 따른 전칭적인 가치

의 제고라는 획일적 전제를 가지고 있다. 모험이란 미래의 불확정성을 전제로 하는 것이다. 미래가 결정되어 있다면 역사는 논구될 가치가 없는 것이다. 단순한 존속, 아니면 반복, 아니면 새로움이 결여된 예기의 성취, 이런 것들을 역사라고 부를 수는 없는 것이다. 리(理)의 모험은 리가 결정하는 것이 아니라 기(氣)가 주체적으로 결정한다. 기에게 미래는 예정되어 있질 않다. 기의 지속이 겪는 운명은 점진적 쇠망(衰亡)이 아니면 새로움으로의 도약이 있을 뿐이다. 기(氣)의 일자(一者)는 전체이다. 일즉일체(一卽一切)요 일체즉일(一切卽一)이다. 따라서 역사의 모든 시점에서의 일자(一者)는 전체(全體)요, 한 시점의 공시적 단면 속에는 모든 통시적 가능성이 내재하는 것이다. 따라서 역사는 말하여질 수 없다. 우리가 역사를 진보라 말하는 것은 역사를 말하기위한 명언(名言)의 방편(方便)에 지나지 않는 것이다. 그러나 "방편"은 엄밀해야 한다. 그 엄밀성은 효용의 정확성이다. 효용이란 그 방편이라는 상징이 대상으로 하는 세계의 의미와의 부합성이다. 진보라는 카테고리 속에 세목으로 설정된 모든 개념들은 우리가 살고있는 세계에 대한 가장 본질적인 왜곡중의 하나이다.

2. 역사가 진보한다는 것은 역사밖에 역사의 목표를 설정함이다. 역사가 역사밖에 있는 그 무엇에 의하여 끌리어 간다면 그것은 역사가 아니다. 기실 역사는 존재하지 않는다. 역사는 존재가 아니라 존재의 측면일 뿐이다. 시간·공간은 실체가 아니요, 존재가 아니다. 존재하는 것은 기(氣)일 뿐이다. 시간·공간이 선행하고 그 속에 기가 존재하는 것이 아니라 기의 존재가 시공을 드러낼 뿐이다. 기는 선시공적(先時空的) 존재(存在)이면서 시공을 창출한다. 이것이 기의 가장 원초적 파라독스다. 역사는 기의 사회의 활동운화(活動運化)의 측면이다. 우리는 역사를 형이상학적 원리에서 벗어난 실체로 취급해서는 아니된다. 역사에게 어떤 면죄부를 발행해서는 아니된다. 따라서 역사는 그 내재적 기화(氣化)의 내재적 원리에 의하여 설명되어야 한다. 역사의 목표는 영원히 역사 속에서 찾을 수밖에 없다. 그것이 곧 역사의 상륜(常綸)이다. 역사에는 항시 변(變)과 불변(不變)이 공존하는 것이나, 불변이란 변화의 양태의 지속을 의미할 뿐이요, 따라서 그 불변은 간단(間斷)의 쉼이 없는 변화 속에서 추측(推測)되는 것이다. 불변(不變)은 상(常)이요, 상(常)은 역사 속에 내재하는 것이니, 진보니 섭리니 종말이니 창조니 발전이니 하는 따위의 규합개념이 없이도 역사의 가치는 엄존하는 것이다.

진보가 없다고 역사가 무가치한 것이 아니다. 진보가 없어져야만 비로소 역사는 그 참다운 다양한 가치를 드러내는 것이다. 역사는 기(氣)의 삶의 다양한 한정특성의 홍류(洪流)다. 그것을 외재적(外在的) 일원적(一元的) 척도에서 규합하기보다는 있는 그대로(自然而然) 그 주체들이 끊임없이 주어지는 새로운 환경에 대처해나간 방식을 기술하는 것으로 족한 것이다. 혜강(惠岡)에게는 기학(氣學)이라는 대처방식이 있었을 뿐 실학(實學)이라는 역사의 규합개념이 연역적으로 전제되어 있었던 것이 아니다.

3. 조선사상사를 논구함에 있어서 "실학"(實學)이라는 규합개념(organizing concept)은 전적으로 파기되어야 마땅하다. 혜강자신이 자신의 기학이 곧 "실학"임을 분명히 언표하고 있으나(『氣學』 1-25 등, 여러 조목에서 발견된다), 그것은 기학의 내재적 성격, 즉 기학이 전제하고 있는 존재론적 원리(ontological principle)를 밝힌 것일 뿐, 기학을 성립가능케 하는 어떤 역사적 대세의 규정을 말하는 것이 아니다. "실학"은 독립된 고유명사개념이 아니요, "허(虛)한 배움이 아닌 실(實)한 배움"이라는 일반명제일 뿐이다. "실함"이란 기학의

존재론적 원리의 기술이다. 기실 실은 허를 포섭하는 것이다. 실학이라는 역사적 운동의 개념이 조선조사상가들의 사유의 의식적 전제로 있었던 것이 아니요, 그것은 일제식민지사관의 훈도를 받은 사가들에 의하여 20세기 후반에 날조된 불행한 픽션의 개념이요, 그 개념을 조선사상사에 적용할 경우 발생되는 중대한 오류에 관하여 내 이미 『독기학설讀氣學說』(통나무, 1990)에서 설진(說盡)한 것이다. 어찌 그다지도 완고하게 그 오류에 집착하는 추태를 계속 연출할 뿐인가? 자기갱신을 꾀할 능력이 없는 완고한 고목의 불행은 가련히 인내한다 하더라도 그 주변에 피어오르는 새싹마저 고목의 완피(頑皮)의 형태를 지속할 뿐이니 어찌 가소롭지 아니한가?

인간이 문자를 만든지 4·5천년이 지난 후에 비로소 나의 기학이란 이름이 세상에 그 모습을 드러내게 되었다. 이처럼 현저하고 명백한 기가 내 이전에 들릴 수 없었다는 것은 참으로 이상한 일이로다!

造書契後四五千年, 氣學之名始著。以若顯著之氣, 無聞於其前, 亦是異事也。(『氣學』 2-89)

여기서 혜강은 자신의 기학의 존립기반의 역사적 단절을 선포한다. 그리고 그 새로움과 기발함에 대한 무한한 자부감과 자신감을 선언한다. 그럼에도 불구하고 그는 그 역사적 정황의 가변성을 이와같이 선고 한다.

> 만약 어떤 사람이 내가 미치지 못한 다른 사물의 성실한 (진리의) 측면을 특별히 들어, 나의 기학에 첨가하고, 또 그것의 증험하는 바의 보편성이 나의 기학을 능가하고, 또 구체적 사례들에 적용함에 있어 나의 기학을 뛰어넘는 바가 있어, 그것을 천하에 밝힌다면 나의 기학은 폐지될 수 있는 것이다.

> 若有人特擧別般事物之誠實, 加於氣學, 證驗多於氣學, 事事勝於氣學者, 明之于天下, 氣學乃可廢也。(『氣學』 2-19)

혜강이 서거한지 한 세기를 훨씬 넘은 지금, 혜강의 기학을 논한다하는 자들이 혜강만큼도 자신의 체계에 대한 확신이 없고 혜강만큼도 자신의 체계의 한계에 대한 자각이 없다면 어찌 역사의 진보를 운운할 수 있으리오? 한 사상의 체계의 정당성, 그 우주론의 정당성은 그 체계가 방금(方今)의 운화(運化)를 설명하는 방식의 정합성과 부합성에서 결정되는 것일뿐이다. 방금운화(方今運化)란 곧 나의 현재적 체험의 포괄성이다. 역사란 곧 방금운화의 객화(客化, objectification)일 뿐이다. 또 객화된 기는 방금운화의 가능태로서 참여한다. 고로 실존하는 것은 영원히 방금운화일 뿐이다.

상고(上古)의 성현은 상고의 백성의 운화(運化)에 근거하여 상고성현의 운화를 베풀었고, 중고(中古)의 성현은 중고의 백성의 운화에 근거하여 중고성현의 운화를 베풀었고, 근세(近世)의 성현은 근세의 백성의 운화에 근거하여 근세성현의 운화를 베풀었을 뿐이다.

上古賢聖, 因上古民之運化, 以施上古賢聖之運化; 中古賢聖, 因中古民之運化, 以施中古賢聖之運化; 近世賢聖, 因近世民之運化, 以施近世賢聖之運化。

이 모두가 방금운화(方今運化)의 자취일 뿐이다. 어찌 변통(變通)을 모르는 자들이 "실학"(實學) 운운하며 신기(神氣)를 감언(敢言)하는가?

4. 임란이후 조선왕조 후기사상가들에게 "실사구시"(實事求是)의 성향이 강하게 나타나는 대체적 흐름을 감지할 수 있다해서 그들을 실학이라고 규정하는 것은 망언이라 일축하기 이전에 그 소이연(所以然)의 본질을 세밀히 검토할 필요

가 있다. 북한학자들이 실학을 논구하는 것은 그것이 유물론적 결구(結構)에 근접한다고 판단하기 때문이요, 남한학자들이 실학을 논구하는 것은 봉건체제로부터의 탈피라는 과제를 성취하는 자본제사회의 맹아와 관련되었다고 보기 때문이다. 여기에 일관되게 등장하는 이데올로기는 바로 "근대성"(Modernity)의 문제며 이 근대성과 동반되는 테제는 주자학적(朱子學的) 세계관으로부터의 탈피 즉 반주자학(反朱子學)이라는 부정적 테제이다. 고대, 중세, 근대가 단순히 시간의 흐름을 방편적으로 지시하기 위한 것이라면 차라리 왕조사적 구분 명언(名言)이 더 편리할 뿐 아니라 더 의미있을 것이다. 고대, 중세, 근대의 규합개념은 이미 맑스류의 경제사관의 해석적 가치도식을 전제한 것이다. 우리는 과연 근대인(Modern Man)이 되려고 하는 것일까? 우리의 역사의 유일한 필연처가 과연 근대사에로의 탈출이란 말인가? 원효의 사상은 고대사상이고, 지눌의 사상은 중세사상이고, 퇴계의 사상은 전근대사상이고, 혜강의 사상은 근대사상인가? 그 거대하고 찬란한 에집트의 황궁들은 유치한 고대건축이고, 20세기 맨하탄의 마천루들은 위대한 근대건축물인가? 고(古)가되기 위해서는 노예제사회가 되어야만 하고, 중(中)이 되기 위해서는 봉건제사회가 되어야만 하고, 근(近)이 되기 위해서는 자본제사회가 되어야만 하는 이방인 프로크루스테스의 침대속에 우리 자신의 역사를 꾸겨넣어 절단해야만 하는 소이연은 도대체 어디서 우러나온 것인가? 노예제사회는 나쁜 것이고 봉건제사회는 부정되어야만 하는 것이고 자본제사회는 긍정되어야만 하는 것인가? 자본제사회마저 부정될 수 있는 것이라면, 그럼 공산제사회가 도래하는 것일까? 공산제사회의 단계가 지난 러시아에는 아예 천국이라도 도래한단 말인가? 문제는 "실학=근대성=유물론=반주자학" 따위의 도식 그 자체가 실학이 아닌 허학이라는데 있다. 실학을 예찬하는 모든 자들의 인식구조가 실(實)이 없는 허(虛)인 것이다. 그들의 두개골 속이 공동(空洞)한 것이다. 만약 실학이라는 주어에서 근대성, 유물론, 반주자학 따위의 술부적 속성을 제거하고, 단지 보다 자기가 살고 있는 세계의 문제에 대한 "절실한" 관심을 가진 생각의 체계라는 의미("실사구시"의 의미는 바로 이 이상의 의미를 갖지 아니한다)로 실학을 규정한다면, 우리는 구태여 실학이라는 제국주의적·획일주의적인 낡은 개념을 고집해야 할 아무런 이유가 없는 것이다. 새로운 개념의 고안은 무한히 가능하다. 어찌 과거의 폐습으로 인한 타성에서 얻은 이득의, 이미 소멸해갈 수밖에 없는 존속을 위하여, 방금운화의 대세와 다양한 가치의 공존을 알억(遏抑)

한단 말인가? 실학을 말하는 자, 그들은 학문을 하는 자들이 아니요 학파의 이권을 조작하는 장사꾼에 불과한 소적(小賊)이다.

주자학적 인간관은 반드시 부정되어야만 우리가 생각하는 바람직한 "근대적" 인간상이 도래하는 것일까? 퇴계학을 주자학이라고 단순히 규정할 수 있는가? 퇴계학과 율곡학은 동일한 전근대적 패러다임속에서 획일적으로 취급될 수 있는 것일까? 녹문(鹿門)의 기론(氣論)이 과연 퇴·율(退·栗)의 부정 위에서 이루어진 변증법적 지양인가? 그래서 녹문의 기론과 혜강의 기학은 동일한 근대적·실학적 패러다임 속에 속하는 것일까? 과학적 세기를 사는 우리에게서, 혜강의 실학은 예찬되어야만 하는 것이기 때문에, 과연 퇴계의 심성론은 부정되어야만 하는 역사의 전단계의 가치일 뿐이며, 우리에게 하등의 의미를 지닐 수 없는 것일까? 그렇게도 "인간관"이라는 것이 차곡차곡 일자의 블럭이 부정되어야만 그 위에 일자의 블럭이 쌓이는, 비가역적 시간의 흐름 위에 놓인 계단의 형상이란 말인가? 그렇다면 이미 역사의 계단의 고층대에 묻혀버린 원효(元曉)의 일심(一心)사상은 노예제시대의 폐허위에 남은 미진(微塵)의 자취란 말인가? 원효이후의 모든 한국사상을 다 합쳐도, 현대인인 우리에게 그 생각의 웅혼함과 포용성, 그리고 현실적 제도에서 파생되는 인간의 모든 새로운 규정을 포함해서 현실적으로 그 가치를 형량한다해도, 그 가치가 원효의 그것에 백분불급일(百分不及一)이며, 천만억분내지산수비유(千萬億分乃至算數譬喩)로도 소불능급(所不能及)이라 한다면 우리는 도대체 인간의 역사를 어떻게 이해해야 하는 것일까?

5. 그래, 한번 전통적인 쇄설(瑣說)을 수용하며 반계(磻溪)·성호(星湖)와 같은 이들에 의하여 실학의 대세가 잡혔고, 이러한 성향이 담헌(湛軒), 연암(燕巖), 초정(楚亭), 완당(阮堂), 다산(茶山) 등을 거쳐 혜강에 의해 그 집대성의 정점에 이르렀다고 생각해보자! 혜강이 기학에 의한 새로운 우주관을 설파하고 물리(物理＝氣理)에 대한 매우 혁신적인 사고와 폭넓은 분야의 방대한 지식을 호한(浩瀚)한 저술로 과시하고 있다한들 그 실학의 지식의 내용이란 대부분이 그 당시 시점에서 중국을 통해 수입된 서구과학의 성과에 불과한 것이요, 그의 인문지리학적 방만한 관심도 오늘날의 인터넷정보체계에 비해 초라하기 그지없는 것이다. 혜강의 자신감을 유지하고 있는 활동운화(活動運化)의 대기(大氣)의 객관규율의 대

강(大綱)이란, 알고 보면 천원지방(天圓地方)의 소박한 우주모델에 물리적 환경의 이해를 기초하고 있었던 당대 유생의 상식을 굉동(轟動)시키고도 남을 지원설(地圓說)·지동설적(地動說的) 태양중심주의적 세계관(heliocentric cosmology)의 새로운 인식구조였다. 그러나 현금의 과학적 수준은 그러한 우주의 형태적 실상의 파악에 있질 아니한 것이요, 우주의 형태가 어떠한 것이든지간에 그러한 형태를 가능케하고 있는 가장 단순하고도 보편적인 법칙의 규명, 그리고 물 그 자체의 구극적 본성의 천명에 있는 것이다. 예를 들면, 오늘날 모대학교 물리학과 교수들이 소유한 우주에 대한 지식체계의 내용과 혜강이 흡수한 당대까지의 축적된 우주에 대한 지식체계의 내용을 비교해볼 때, 방금의 물리학교수들이 비록 혜강의 지식의 내용을 전혀 사적(史的)으로 수용한 바 없을 지라도, 그들의 지식내용은 혜강의 것을 훨씬 능가하는 것이며, 그 보편성과 구체성에 있어서 가히 비교될 수 없을 만큼 포섭적으로 정확·정밀한 것이다. 나는 묻겠다. 우주의 물리를 알기 위해서 이제와서 혜강의 실학을 뒤져야 할 것인가? 파인만(Richard P. Feynman)의 물리학개론을 뒤져야 할 것인가? 우리가 탄해야 할 것은 혜강 당대에 당대로서는 충격적이었고, 또 반드시 수용되었어야만 했을 생각의 체계나 지식의 내용이 수용될 수 없었던 역사 수레바퀴의 공전(空轉)이다. 혜강의 철학이 실학이었기 때문에 오늘날 우리에게 의미 있는 것으로 다가와야 할 의미는 전무한 것이다. 다산의 경학적 세계관의 실학적 가치가 그가 수원성(華城)을 축조함에 기중기(擧重機)를 제작한 사실에 있는 것이라면, 하룻밤에 분당성·일산성과 같은 거대한 아파트성(城)을 축조해내는 도깨비방망이를 휘둘러대는 20세기말의 오늘에 있어서 과연 실학의 가치가 어디에 있는 것일까? 실사구시의 실학의 간망(懇望)이 20세기 조선의 역사에서처럼 실(實)하게 결실을 맺은 유례도 이 지구상에 없을진대, 서구라파 이백년의 신고(辛苦)의 수레바퀴를 불과 삼사십년 만에 굴려버린 방금운화(方今運化)의 업(業)이 과연 실하지 못했기에 문제인가? 너무 지나치게 실했기에 문제인가?

실학이 우리 조선역사의 내재적 필연이었고 그것이 개화의 사상적 틀이었다면 그 실학의 실성(實性)이 오늘날 우리 사회처럼 만개한 사회도 찾아보기 힘들다. 산업사회의 온갖 환경론적 병폐에 찌들리고 평등사상의 도덕적 타락에 피폐해져버린 오늘 우리사회의 문제는 바로 실학의 무분별한 실성의 발로에 있는 것이다. 실학이 역사적 단계의 필연이었다면 오늘날 우리에게 절실히 요구되는 것은 오히려 허학(虛學)이다. 그럼 모더니즘은 실학(實學)이 되어야하는 것이고 포스트모더니즘은 허학(虛學)이 되어야하는 것일까? 이 무슨 개소리인가? 뭔가 말장난이 심하다는 생각이 들지않는가? 이러한 구업(口業)의 근본무명(根本無明)은 도대체 어디서 오는 것일까?

6. 조선조의 사상가들 중에서 가장 현실체제의 실제적 모순에 몸으로 도전하고 또 가장 래디칼한 사상을 제시한 해월(海月)에게 있어서도, 그가 삼례(參禮)·보은집회(報恩聚會)와 같은 대규모 민중집회를 선도하면서 제시한 사회변혁의 틀은 기껏해야 반상(班常)의 차별과 적서(嫡庶)의 차별과 같은 불평등제도의 폐기였다. (我國之內, 有兩大弊風。一, 則嫡庶之別; 次, 則班常之別。嫡庶之別, 亡家之本; 班常之別, 亡國之本。此是吾國內痼疾也。) 말이 그렇지 평심이론(平心而論)컨대 당시로서 적서지별(嫡庶之別)과 반상지별(班常之別)의 폐지라는 것은 문자 그대로 체제 전체의 개변의 전제없이는 불가능한 혁명적 발언이었고 실현을 기대하기 어려운 꿈이었다. 혜강이 꿈꾼 사회도 참다운 실력자가 인정받는 사회였고 (그의 "測人"개념), 사·농·공·상이 신분적 차등이 아닌 공능(功能)의 평등적 분화(分化)로서 인정되는 그런 사회였다.

그런데 이와 같은 꿈같은 이야기가 오늘 우리사회에는 다 이루어졌다. 적서지별도 없고, 양반·쌍놈 따로 없고, 공상이 오히려 사농을 지배하는 사회가 되었다. 그래서 실학은 다 성취되었단 말인가? 그래서 지금 우리사회의 모습이 과연 조선사회의 모습에 비해 전칭적으로 개선·진보되었단 말인가? 개선(改善)이 있으면 개악(改惡)이 수반되며, 진보(進步)가 있으면 퇴보(退步)가 공존한다. 적서·반상의 별(別)이 없다고 어찌 별이 없어졌다 말할 수 있으리오?

7. 혜강이 노씨지공(老氏之空)과 불씨지무(佛氏之無)가 모두 무형(無形)으로써 도(道)를 삼고 학(學)을 삼은 데 그 근본 오류가 있다고 비판한 것은 그의 사상체계의 정합적 구조로 볼 때 너무도 지당한 것이다. (老氏之空, 佛氏之無, 蓋以無形, 爲道爲學。『기학』1-6). 그러나 그러하기 때문에, 노불지학(老佛之學)이나 심학(心學)·이학(理學)은 모두 허학(虛學)이요, 혜강의 기학은 실학(實學)이라 말하는 것은 어폐가 심한 것이다. 혜강의 디스꾸르는 어디까지나 혜강의 디스꾸르 자내(自內)의 구조적 의미체계내에서 일차적으로 정당할 뿐이요, 그것을 바라보는 우리의 의식이 그 체계를 액면 그대로 답습

해서는 아니된다. 오늘날 우리의 포용적 의식체계 속에서 바라본다면 오히려 천인운화(天人運化)를 말하는 기학의 체계의 의미가 노불지학의 허(虛)·무(無) 속에 더 잘 발현되어 있다고도 말할 수 있는 것이다. 재미있는 것은 혜강 자신이 이러한 문제를 오늘 실학 운운하는 당달봉사학인들보다 더 정확하게 꿰뚫고 있었다는 사실이다.

노자가 말한 바, 있음(有)은 없음(無)에서 생겨나고, 점토를 빚어 그릇을 만드니 그 그릇 속의 빔(無)에 그 쓰임이 있다했을 때의 무(無)라는 글자는 기(氣)라는 글자로 바꾸어 놓아도 그 문의에 해침이 없다. 불씨가 말한바 산하대지의 허공(虛空)이나, 칼라빙카(kalaviṅka, 迦陵頻伽) 새 모양의 병 속에 공(空)을 담아 그 공을 천리(千里)타국에 가서 선물한다고 했을 때(『楞嚴經』 卷二, 『大正』 19/114c, 識陰이 허망하다는 것을 비유로 드는 맥락)의 공이라는 글자는 모두 기(氣)라는 글자로 바꾸어 놓아도, 그 뜻이 통하지 않을 바가 없다.

老子所謂有生於無, 搏埴以爲器而用其無等語, 以其無字, 換作氣字, 乃不害義也。 佛氏所謂山河大地之虛空, 嚬呿空甁之空, 皆以氣字換之, 義亦無不可也。(『推測錄』 「推氣測理」 2/17)

다시 말해서 혜강의 기(氣)는 노자의 허무(虛無)나 불가의 공적(空寂)의 부정이 아니다. 그 허무나 공적을 기라는 개념으로 접근함이 더 타당하다고 하는 새로운 입각점을 밝힌 것일 뿐이다. 다시 말해서 그의 실기(實氣)는 허무(虛無)의 새로운 해석이며 허무 그 자체를 포섭하는 것이다. 다시 말해서 그의 우주론은 그 실학적 내용에 그 가치가 존(存)하는 것이 아니라 그가 세계를 인식하는 방법이나 입각점의 보편적 의미나 의의에 그 가치가 생동하는 것이다. 그의 실학의 형태론적 실체를 말한다면 어찌 이다지도 개명한 오늘, 굳이 그 낡아빠진 『명남루전집明南樓全集』의 정보를 들척일 필요가 있겠는가? 그의 우주론을 실학이라고 하는 모폴로지적 관심에서 접근한다면, 박성래(朴星來)의 통찰대로 그의 우주모델은 오히려 그의 선학인 담헌(湛軒) 홍대용(洪大容)의 무한우주론(無限宇宙論)에도 못미치는 것일지도 모른다.

　8. 총결컨대, 조선유학사상을 말하는데 있어서 실학운운하는 어리석음은 전적으로 파기되어야 한다. 그것은 비단 혜강에게만 적용되는 것이 아니요, 모든 유학자들에게 적용되는 것이다. 형이상학의 역사에 있어서는 본질적으로 토마스 쿤

이 말하는 패러다임이론도 적합한 설명방식이 될 수가 없다. 패러다임간의 불가공약성(不可共約性)이나 양립불가능성(兩立不可能性)이 성립하기 어렵기 때문이다. 일(一)의 패러다임 속에는 수없는 다(多)의 패러다임이 착종(錯綜)되어있는 것이다. 우리는 단지 그 주축이 밝히고자 하는 인간과 우주의 특색을 논하는 것으로 만족해야한다. 그 논함에 반드시 그 우주의 중층적·화엄적 연기구조를 통찰하지 않으면 안된다. 인간의 역사는 그리 단순하지 않다. 인간의 삶의 의미는 그리 직선적인 가치도식에 의해 제고되고 형량되는 것이 아니다. 조선사상사에서 실학을 운운하는자, 천박하면 기껏해야 과학만능주의의 아첨꾼이요 문화제국주의의 피조물이다. 심오해야 기껏, 소라이가쿠(徂徠學)의 작위관(作爲觀)에서 근세일본의 근대성가치를 갈파한 마루야마(丸山眞男)의 아류일 뿐이다. 마루야마라 해봤자 헤겔의 말류(末流)요, 헤겔이라 해봤자 파루시아(Parousia, 긴박한 재림)를 외치는 사도 바울의 변류(變流)다. 이 모든 것이 유대교-기독교의 창조론-종말론적 역사인식, 즉 섭리사관의 화양(花樣)일 뿐인 것이다. 직선적 역사인식은 단지 인간이 시간을 인식하는 다양한 패턴의 하나일 뿐이다. 어찌 우리역사가 고대에서 중세로 그리고 근대로 직행해야만 한다고 생각하는가? 복기견천지지심호 ! (復其

見天地之心乎！) 모든 역사의 단면에서 역사 그 전체의 마음을 읽으라! 어떠한 경우에도 우리는 역사의 목표를 역사밖에 두어서는 아니된다. 역사의 가치는 역사 그 자내(自內)로부터 어우러져 갈 뿐이다. 혜강은 바로 이러한 서양의 기독교적 가치관이 우리학문에 흡수될 때 생기는 오류의 가능성을 누구보다도 심각하게 파악하고 예언하고 있었다.

기독교에 기초한 서양의 학문(기독교 신학체계에서 비롯한 모든 배움)은 하느님을 섬긴다 하는데, 그 하느님은 무형이며, 유형의 세계밖의 저 꼭대기의 종동천(宗動天: 서양 중세기 우주론의 번역술어이며, 하느님이 살고 계신 제일 꼭대기 층의 하늘)에 살고 있으며, 뿐만 아니라 이 하느님이 하늘을 만들었고, 땅을 만들었고, 만물을 만들었기에 이 하느님 외에는 어떤 하느님도 섬길만하지 못하다고 말한다. 천지에는 시작과 끝이 있으나 그 하느님은 시작과 끝이 없고, 천지는 유형이나 그 하느님은 무형이라고 말한다. 바로 이 점이 서양의 기독교학문이 운화지기(運化之氣)를 벗어난 큰 단서이다.

西洋學所事之神天無形, 居於最上之宗動天, 造天造地造萬物, 此神外更無可事之神。天地有始終, 神天無始終; 天地有形, 神天無形。是乃踰越之大端也。(『氣學』1-9)

이를 우리는 소박한 전통적인 초월신관의 부정으로 해석해서는 아니된다. 혜강은 결코 신을 부정하지 않는다. 신은 그의 정합적인 기학의 구조 속에서 곧 바로 기가 되어야 하는 것이다. 신은 곧 기요, 기는 곧 신인 것이다. 창조의 신비는 우주 밖에서 우주 내로 진입하는 것이 아니라 풀 한포기의 활동운화에 내재하는 것이다. 신은 명사로서 기 밖에 군림하는 초월적 존재가 아니라 실체가 아닌 형용사로서 기의 술부적 활동운화가 되어야 하는 것이다. 구극적으로 서양의 학문이 말하는 하느님, 기독교가 신봉하는 하느님도 무형의 리(理)가 아니라 유형의 기(氣)가 되어야하는 것이다. 기가 체(體)요 리가 용(用)인 것이다. 이것은 리를 체로 삼고 기를 용으로 본, 재래의 모든 학문에 대한 코페르니쿠스적 반전인 것이다.(蓋古之論說, 理爲主, 而氣爲用。氣學論說, 氣爲體, 而理爲用.『氣學』2-74). 이것은 금세기 서양의 성현이라 할 화이트헤드(A. N. Whitehead, 1861~1947)가 신(God)을 영원한 객체(Eternal Object)로 보지 않고, 영원한 객체의 담지자로서 시공의 볼륨을 갖는 유형의 현실적 존재(Actual Entity)로 본 것과 거의 동일한 발상이다. 혜강은 백두(白頭: 화이트헤드)를 근 1세기 앞질렀다.

신과 기를 함께 말하면 신은 기 중에 포섭된다. 즉 신은 기의 어울림(concrescence) 속에 내재하는 것이다. 그리고 신 하나만을 독립해서 말하면 그것은 기의 공용(功用, function)이 드러나 완연한 것을 일컫는 것이다. 그러니 기가 곧 신이요, 신이 곧 기다. 옛사람들이 대개 기와 신을 별다른 두 개로 간주함으로 인하여 쉽게 허탄하고 기이한 형이상학에 빠져들었고, 후세사람들로 하여금 혼돈스럽고 도무지 기준이 서지 않는 지경에 이르도록 한 것이다. 이는 애초로부터 기를 알지 못했고, 따라서 신도 몰랐기 때문이었다. 만약 기에 관한 충분한 지식을 가지고, 기의 형색(形色)을 보거나 그 영향(影響)을 듣거나하여 깨닫는 바가 있으면, 그 활동운화의 공용이 명료해지고 투철해질 것이니, 신이 과연 무엇인지를 알 수 있을 것이요, 신이 기 밖에 존재하는 존재물이 아니라는 것을 알 수 있게 될 것이다.

并言神氣, 則神包氣中; 單言神, 則氣之功用現著也。氣即神, 神即氣, 而古之人多以神氣爲二, 易入于虛誕奇異, 至使後人渾淆無準。始不知氣, 從不知神。苟能於氣, 有見得形色影響, 運化功用, 瞭然透澈, 可知其神, 又知其不外於氣。(『人政』5/9b)

신이 세계를 창조한다면 이 세계는 곧 신을 창조한다. 신이

이 세계를 초월한다고 말한다면 그것은 곧 이 세계도 신을 초월한다고 말할 수 있는 것이다. 세계가 신속에 내재한다고 한다면 그것은 곧 신이 세계 속에 내재함을 말하는 것이다. 신이 일(一)이고 세계가 다(多)라고 한다면, 세계가 일(一)이고 신이 다(多)이다. 신이 정(靜)이고 세계가 동(動)이라 한다면, 세계야말로 정(靜)이고 신이야말로 동(動)이다. 이것은 나의 말이 아니고 화이트헤드의 최종적 해석(Final Interpretation) 이다. 혜강은 말한다:

> 만약 대기의 활동운화(活動運化)를 일컬어 조화(造化)니, 물(物)을 창조한다는 의미의 조물(造物)이니 하는 의타적 표현을 쓴다면, 거기에는 반드시 의타적 제작이라고 하는 의미가 개입될 수밖에 없다. 그리고 그 제작의 주체로서 주재자니, 신이니, 리니 하는 따위의 존재자를 설정하지 않을 수 없게된다. 그런데 이런 존재자는 무형무질(無形無質)을 특성으로 삼는 것이다. 만약 무형의 물로서 유형의 물이 창조되었다고 한다면 과연 누가 그 존재의 실제로 그러함을 증명할 수 있겠는가? 우리에게 펼쳐지는 현실세계에는 이미 대기의 활동운화가 우리의 모든 판단의 확실한 근거로서 엄존한다. 그렇다면 조화(造化), 조물(造物)이라고 할 때의 조(造)라는 글자(창조)는 결코 현실적 계기의 모습이 아님을 알 수 있는 것이다.

若謂之造化, 謂之造物, 則有制作之意, 而歸屬於主宰也, 神也, 理也。是皆無形無質也。以無形之物, 造有形之物, 誰能明其實然也? 既有此大氣之活動運化的實可據, 則造化造物之造字, 決非實象也。(『氣學』 2-1)

이것은 그의 존재론적 원리의 천명이다. 창조는 운화의 과정일 뿐이다. 어찌 역사밖에 역사를 두고, 어찌 세계밖에 세계를 팽개칠 수 있단 말인가? 혜강이 말하는 기학의 우주는 스스로 합생(合生)하는 과정적 우주(Self-Organizing Universe)였던 것이다. 여기 서양학의 존재론의 심원에 깔려있는 "무로부터의 창조"(Creatio ex nihilo)라는 헤브라이즘의 연원이 여기 해동(海東)의 기학(氣學)에서 원천적으로 봉쇄되고 있는 것이다. 혜강은 말한다:

유교(중국)의 문화에서는 윤리(倫理)와 강상(綱常)과 인의(仁義)를 취하고 귀신과 재앙이나 상서에 관한 것은 분변하여 버리며, 서양의 문화에서 역산(曆算)과 기(氣)에 관한 과학적 이론을 취하고 괴이하고 허탄한 것을 말하고 화복을 비는 종교적 측면을 분변하여 버리며, 불교(인도)의 문화에서는 허무(虛無)한 소승의 논점을 실재묘유(實在妙有)를 말하는 대승의 관점으로 바꾸어 이해한다면,

이 세 문화를 화합시켜 하나로 돌아가게 할 수 있다. 옛 것을 모두 포섭하여 새로운 것으로 창출해내면 그것은 진실로 인간세를 통틀어 보편적으로 행하여 질 수 있는 가르침(敎)이 될 수 있는 것이다. 그러나 이러한 정신적 원리 이외의 의복·음식·기물·일용생활 따위는 그 토착적 문화에 마땅한 바로부터 나오는 것이요, 언어나 예절 또한 외재적 제도·문식이므로, 하나로 통일시켜서는 아니되는 것이다.

儒道中, 取倫綱仁義, 辨鬼神災祥。西法中, 取歷算氣說, 袪怪誕禍福。佛敎中, 以其虛無, 換作實有。和三歸一, 沿舊革新, 寔爲通天下可行之敎。其餘服食器用, 出自土宜。言語禮節, 乃制度文飾, 不可歸一。(『神氣通』「體通」1/15b)

혜강의 사유의 포괄성과 동·서를 관통하는 해박한 지식 그리고 논지의 명료함, 어찌 근자에 실학운운하는 자들의 용렬함에 비할 수 있으랴! 모르는 자들은 침묵할지어다. 어찌 실학의 관규(管窺)로써 기학의 대화(大化)를 운운하랴!

9. 본론에서 누누이 천명하고 있는 존재론적 원리 (ontological principle)란 과연 무엇인가? 그것은 비존재는 존

재하지 않는다는 것이다. 이것은 토톨로지가 아니다. 이것은 곧 비존재의 존재로부터의 배제를 의미하는 것이다. 즉 모든 것은 존재해야 하는 것이다. 그런데 존재한다 함은 무엇인가? 존재하지 않는 것은 없으며, 존재하는 모든 것은 반드시 유형의 세계에 근거해야한다는 것이다. 다시 말해서 우리가 여태까지 무형이라고 생각해온 모든 것이 존재이며 그것은 구극적으로 유형적 존재라는 것이다. 무형의 존재는 없다. 우리가 상상할 수 있는 모든 존재도 결국 유형지물로부터의 추상일 뿐이다. 어떠한 경우도 없는 것으로부터 존재가 생겨날 수는 없는 것이다. 명(明)의 대유(大儒), 츠우안산(船山)은 말한다:

> 형이상자(形而上者)라 하는 것이 곧 무형을 말하는 것은 아니다. 형이상자(形而上者)라 할 때, 형이(形而)라는 것은 곧 형(形)이 이미 있다는 것을 말하는 것이요, 그것은 형(形)이 있고난 후에 비로소 형이상(形而上)이 있다는 것을 말하는 것이다. 무형(無形)의 상(上)이라고 하는 것은 고금을 걸쳐, 만변을 통하고, 천과 지를 궁하고, 인과 물을 궁하여도 일찌기 존재해본 적이 없는 것이다. … 형이상자(形而上者)와 형이하자(形而下者)라는 것은 모두 형(形)이 있고 난 후의 사태이니 모두 일형(一形)에 통섭되는

103

기철학서설

것이다.

形而上者,　非無形之謂。旣有形矣,　有形而後有形而
上。無形之上, 亘古今, 通萬變, 窮天窮地, 窮人窮物,
皆所未有者也。 … 形而上者謂之道, 形而下者謂之器,
統之乎一形。(『周易外傳』5/25b~26a)

혜강은 『기학氣學』의 「서序」를 다음과 같은 말로 시작하고
있다:

중고(中古: 재래의 모든)의 학문은 대부분 무형의 리나 무
형의 신을 종주로 삼고, 그것을 가치적으로 우위에 놓고
또 고매한 것으로 간주하였다. 그리고 유형의 물(物)이나
증험있는 사(事)를 종주로 삼으면, 그것은 하천한 것이요
용렬한 것이라 낮잡아 보았던 것이다. … 하늘아래 형이
없는 사물이 있을 수 없고 우리의 가슴속엔 형이 있는
추측이 있을 뿐이다. 기학이 성립된 이후로는 학문과 기
술에 기준이 서게될 것이요, 유형의 리를 들어 유형의 리
를 전습하고, 유형의 신을 천명하여 유형의 신을 실생활
에 적용하게 될 것이다. 그리하여 집안·나라·천하에
실천의 단계가 있게되고, 수·제·치·평(修·齊·治·平)
에 미루어 나아갈 표준이 있게 될 것이다.

中古之學, 多宗無形之理, 無形之神, 以爲上乘高致。
若宗有形之物, 有證之事, 以謂下乘庸品。… 天下無無
形之事物, 胸中有有形之推測。從今以後, 學術有準,
擧有形之理而傳習有形之理, 闡有形之神而承事有形
之神。家國天下, 有實踐之階級; 修齊治平, 有推移之
柯則。

그리고 『운화측험運化測驗』의 말미를 다음과 같은 말로 장
식하고 있다:

무형의 리와 무형의 신을 받들어 배움으로 삼고 가르침
으로 삼아 그것을 유형의 리와 유형의 신에 덮어씌우면
그 받들고 행하는 바가 그 허와 실이 상반되고, 유와 무
가 별개로 분리되어 버리고 모든 것이 어긋나 버릴 뿐이
다. … 옛사람들이 리라 말한 것은 우주에 충만한 운화기
(運化氣)의 추측(推測)을 지칭한 것이요, 신(神)이라 말한
것은 이 운화기(運化氣)의 영명(靈明)한 측면을 지칭한 것
일 뿐이다.

宗無形之理無形之神, 爲學爲敎, 而敷行於有形之理有
形之神, 則所宗所行, 虛實相反, 有無判異, 率多違戾。
… 古人之曰理, 指此氣之推測也; 曰神, 指此氣之靈明
也.(『運化測驗』 2/33a~b)

형거(橫渠)는『정몽正蒙』에서 일찌기 "무무"(無無: 無가 없음, 즉 비존재가 없음)를 말하였다. 혜강은 더 나아가 모든 무가 곧 유임을 말하고 모든 무가 유로 통섭됨을 말하였다. 그의 무무(無無)는 형이상학적 추론의 결과가 아니요, 현실세계의 실상의 기술이다. 따라서 무무라는 형이상학적 테제는 혜강에 있어서는 진공(眞空, vacuum)은 존재하지 않는다는 물리학적 테제로 바뀌게 된다. 이 세계는 무가 끼여들 추호찰나의 틈도 없는 유형의 세계다. 그 유형의 가능한 가장 극소한 단위를 곧 "기"라 부르는 것이다. 그 기의 이벤트를 질(質)이라 부르고 그 사회가 거시화되어 우리 감관에 포착될 때(通) 우리는 그것을 형(形)이라 부르는 것이다. 이것이 곧 그의 기학의 존재론적 원리이며, 그의 전 체계가 이 원리의 정합성에서 한발자욱도 벗어남이 없다. 그의 기학은 동양문화권에서 발생한 가장 포괄적인 합리론의 체계인 것이다. 합리론이란 곧 모든 무형의 질서를 끊임없이 유형의 질서로 환원해 나감으로써 우리의 사유를 명료하게 하는 과정이다. 합리론이란 곧 경험의 모험이며 그것은 어떠한 경우에 종국적일 수 없는 개방적 체계인 것이다.

10. 기학이란, 기라는 단 하나의 개념으로 전 우주의 모든 것을 설명하려는 노력이다. 그럼 기란 무엇이란 말이냐? 기는 유형이되 실체가 아니다. 아리스토텔레스적인 주어가 아닌 것이다. 기는 무엇이냐? 그것은 활동운화(活動運化)인 것이다. 활동운화란 무엇이냐? 그것은 존재(Being)가 아닌 생성(Becoming)이요, 생성인 한에 있어서만 존재인 것이다. 생(生)의 순간이 멸(滅)의 순간이요, 멸의 순간이 곧 생으로의 이행인 것이다. 그것은 물사(物事)의 실상적(實相的) 원질(原質)이지만 실체적 기저는 아니다. 기는 시공 속에 존재하는 것이 아니다. 시공이라는 존재가 먼저 선행하고 그 속에 기가 있는 것이 아니다. 기의 활동운화가 곧 시공인 것이다. 시공의 창출의 기(氣)적인 기술이 곧 활동운화인 것이다. 활(活)이란 무엇인가? 그것은 생기(生氣)다! 동(動)이란 무엇인가? 그것은 진작(振作)이다! 운(運)이란 무엇인가? 그것은 주선(周旋)이다! 화(化)란 무엇인가? 그것은 변통(變通)이다! 생기(生氣)의 활(活)이 진작(振作)의 동(動)을 거쳐 주선(周旋)의 운(運)을 도모하여 화(化)로 변통(變通)하는 것이다. 도대체 이것이 무슨 말인가? 기는 시공의 최소단위며 시공 전(前) 사태이기 때문에 그것은 불가분할적인 것이다. 가분(可分)이라면 유형의 시공은 존재할 수 없는 제논의 파라독스에 빠지

고 만다. 혜강은 말한다:

단지 우리가 기라고 말한다면 그 기는 하나의 전체이므로 쪼개 나누어 형언할 길이 없다. 그리고 그것을 손대어 분석해볼 도리가 없다. 그러므로 활동운화의 성격 그 자체를 논리적으로 사단(四端)에 분배(分排)하여 놓으면 비로소 우리는 형언(形言)할 수 있고 손대볼 수 있게될 것이다. 이것도 부족하다 한다면 그것을 억지로 해석해 보건대, 활(活)은 생기(生氣)요, 동(動)은 진작(振作)이요, 운(運)은 주선(周旋)이요, 화(化)는 변통(變通)이다.

惟言氣, 則一團全體, 不可以劈破形言, 又不可以着手分開。故以活動運化之性, 分排四端, 始可以形言, 又可以着手。猶爲不足, 則又釋之, 以活生氣也, 動振作也, 運周旋也, 化變通也。(『氣學』 2-84)

기는 시공을 구성한다. 따라서 유형일 수밖에 없다. 그러나 기 그 자체의 내부사정은 시공적 논의가 불가능하다. 시공적 배열이 불가능하다. 그것은 논리적 분변일 뿐이다. 기의 감응체계는 일즉일체(一卽一切)요 일체즉일(一切卽一)일 뿐이다.

그러므로 나누어 말하면 스스로 차서가 있지만, 그것을 합하여 말하면 일시에 몽땅 감응하는 것이다. 따라서 활속에 동·운·화가 있고 동 속에 활·운·화가 있고, 운속에 활·동·화가 있고, 화 속에 활·동·운이 있다.

是以分之, 則自有次序; 合之, 則一時感應。活中有動運化, 動中有活運化, 運中有活動化, 化中有活動運。(『氣學』2-13)

그리고 이런 활·동·운·화의 상호포섭관계가 곧 "신"(神)인 것이다.(『氣學』2-92)

기는 곧 활동성(Activity)이요, 감응성(Prehension)이다. 기는 곧 살아(活) 움직이며(動) 느끼는(感) 것이다. 기로 구성된 우주는 간단없이 살아 움직이며 느끼는 것이다. 최한기의 우주는 생명적 우주다. 아니 최한기의 시간·공간 그 자체가 생명인 것이다. 때라는 것은 하늘과 인간의 기화가 서로 만나는 계기인 것이다.(時者, 天人氣化, 所會之機也。『氣學』1-45) 일찌기 시에허(謝赫)는 "기운생동"(氣韻生動)을 말하였고, 밍따오(明道)·녹문(鹿門)이 같이 "생의"(生意)를 말하였고, 율곡(栗谷) 또한 "일기운화"(一氣運化)를 말하였으니 이 모두가 생명적 우주의 별칭이 아니고 무엇이랴!

11. 혜강 최한기(1803~1877)의 기를 생각할 때, 가장 근접한 사상적 결구를 가진 인물로서 떠오를 수밖에 없는 조선의 대유가 일인 있으니 그가 바로 녹문(鹿門) 임성주(任聖周, 1711~1788)다. 녹문을 생각하면 조선사상사의 다양성에 놀라지 않을 수 없고, 그의 사유의 깊이와 논리적 정연함에 고개를 숙이지 않을 수 없다. 녹문의 기론과 혜강의 기학은 사유적 결구가 거의 같다. 그러나 우리가 조심해야 할 것은 이것은 결론적 통찰일 뿐이라는 것이다. 그들의 사유의 과정이 무시된 결과물에 대한 유사성의 통찰이라는 것이다. 녹문은 조선조문화 최성기라 할 수 있는 영·정조의 찬란한 화엄(華嚴)의 세기를 살았다. 혜강의 시대는 영·정조시대의 정화(精華)가 조락(凋落)하고 거친 탁류의 노도가 왕조의 뿌리를 침식하고 뒤흔들던 시기였다. 녹문은 조선조 성리학의 주축에서 한치도 벗어남이 없었다. 혜강에게서 성리학이란 이미 객화되어버린 방금(方今)의 잔재(殘滓)였다. 그럼에도 불구하고 양자가 일기로 통섭된다는 것은 참으로 조선사상사의 중층적 연기구조를 말해주는 것이다. 녹문의 기는 혜강의 기와 다르다. 녹문의 기는 윤리(倫理)의 축에서 물리(物理)를 포섭한 기요, 혜강의 기는 물리(物理)의 축에서 윤리(倫理)를 포용한 기다. 녹문은 낙론(洛論)의 보편주의적 입장에서 호론(湖論)

혜강 최한기와 유교

이 제기한 인간의 특수적 존엄성을 포용적으로 설명하려는 노력에서 리·기의 이념을 넘어서는 우주의 보편적 질서를 발견하려했던 것이다. 그것이 곧 생의(生意)였고, 생의는 곧 유기체적 우주, 다름아닌 생생지위역(生生之謂易)의 역(易)적인 본질이었다. 기(氣)는 생의(生意)의 다른 표현이었고, 이기는 이미 주리론이 소기하는 바 모든 성선(性善)의 의미를 포섭한 것이었다. 녹문의 기는 순선(純善)한 우주적 본체였던 것이요, 기실 그것은 리일분수(理一分殊)의 레토릭만 둔갑시킨 기일분수(氣一分殊)였던 것이다. 생의의 막지연이연(莫之然而然=自然)이 곧 순선(純善)의 근거요, 명(命)이니 제(帝)니 태극(太極)이니 하는 모든 초월적 사태도 결국 이 생의(生意)로 포섭되는 것이다(『鹿門集』 p.369). 녹문은 말한다:

> 기(氣)가 있으면 형(形)이 있게 마련이고, 기는 모든 형속에 관통하는 것이다. 형의 동정소장이 기가 아닌 것이 없다.

> 有氣則有形, 而氣貫乎形之中, 形之動靜消長, 莫非氣也。(『同上』)

여기서 우리는 녹문의 기가 혜강과 동일한 존재론적 원리를 가지고 있음을 발견한다. 그에게 기란, 리에 대한 상대적 개념이 아니요, 절대적 개념이었다.(氣, 無對也。)

허지만 혜강의 기는 녹문의 기처럼 윤리적 텔로스(telos)를 가지고 있지 아니하다. 혜강의 기 그 자체에서는 선악을 말할 수 없는 것이다. 선악은 오로지 인간의 추측지리(推測之理)에서만 논의될 수 있는 것이다. 녹문의 기론과 혜강의 기학이 혼효(混淆)되어서는 아니되는 것이다. 조선왕조사상사의 적통은 우리가 흔히 상정하듯이 퇴계가 아니다. 퇴계는 주자학의 이단이다. 주자학의 적통은 율곡에서 송시열(宋時烈)로 이어지는, 리의 자발성을 거부함으로써 리의 순선을 보장하려는 발상에서 보다 확연히 드러난다. 이 리의 순선의 학통이 녹문의 기의 순선으로까지 순화(純化)되어간 과정이야말로 조선조성리학의 전체 역정이요, 특이처라 할 수 있는 것이다. 녹문은 성리학의 완성이요, 혜강은 성리학의 파기(破棄) 위에 솟은 기학의 거봉이다.

12. 도올! 시간이 없으니 한 말씀하시게나! 도대체 기학이라는게 무엇이오? 그대 혜강의 충동(充棟)하는 서물(書物)을 일별했다면 우리 시간 좀 단축시켜 주시구레. 기학을 일언이폐지하면 과연 무엇입네까? 나 도올은 말한다. 혜강의

기학을 단 한마디로 요약하면 이것이다! 천인운화(天人運化)!

천인운화란 무엇인가? 천인운화란 곧 천인활동운화(天人活動運化)의 약칭이다. 천인활동운화란 무엇인가? 그것은 천기(天氣)의 활동운화(活動運化)와 인기(人氣)의 활동운화(活動運化)를 합칭(合稱)한 것이다. 이 양자는 왜 분립시켰으며 왜 합칭한 것인가? 분립시킨 이유는 역사적으로 우리의 명언종자(名言種子)의 인식구조가 그렇게 분립되어왔기 때문에 이 개념을 활용함으로써 전통적 많은 문제를 해결할 수 있기 때문이다. 왜 합칭했는가?

혜강은 혜강이전의 모든 학문이 인도(人道)의 용렬한 중심처(中心處)에서 천도(天道)를 해석했기 때문에 생긴 "췌마학"(揣摩學: 공리공론의 억측의 형이상학, groundless metaphysics)이라고 생각한다. 인도를 가지고 천도를 해석해서는 아니된다.(『氣學』2-64) 천도는 인도와 무관하게 객관적으로 존립하는 유행지리(流行之理)라고 본다(혜강의 "流行"이란 말에는 항상 객관성의 함의가 포함되어 있다). 그렇다면 천도를 가지고 인도를 해석해야하는 것일까? 여기에 무한한 어폐가 있다. 인도로써 천도를 해석함이 불가하다면 천도로써 인도를 해석함 또한 불가능한 것이다. 천도의 유행 그 자체는 인간이 구극적으로 미칠수 있는 바가 아니기 때문에, 그것은 인도를 헤아릴 수 있는 입각점이 될 수가 없기 때문이다. 천도를 말하든 인도를 말하든 그것은 궁극적으로 인(人)의 소치(所致)이기 때문이다. 이 파라독스를 어떻게 해결할 것인가?

혜강은 천도와 인도를 궁극적으로 분리시키지 않는다. 천도가 곧 인도요, 인도가 곧 천도다(1-4. 책명을 밝히지 않고 번호만 쓸때는 『氣學』을 가리킴). 보다 정확히 말하면 인도를 천도의 일부로 보는 것이다. 따라서 천도는 인도에서 완전히 객화될 수 없는 것이다. 왜냐? 인도가 곧 천도이기 때문이다. 그러나 천·인관계에서 발생되는 모든 오류는 천도에 있는 것이 아니요, 그것은 인도에 있는 것이라는 사실이 명료히 지적되어야 한다는 것이다(當不合而合, 當有違而無違者, 乃人事之誤錯, 非天道之誤錯也。1-14).

그런데 문제는 이와 같이 간단치 않다. 천도도 기의 활동운화요, 인도도 기의 활동운화다. 천도 끊임없이 활동운화하는 것이요, 인도 끊임없이 활동운화하는 것이다. 이러한 상황에서는 인도가 천도를 대상적으로 파악한다 하는 것이 불가능하다. 주어·술어적 고정성이 파기되기 때문이다. 이러한 상황에서의 인식방법이란 활동운화와 활동운화가 교섭하는 관계밖엔 있을 수 없다. 이러한 교섭의 인식방법을 혜강은 "체인"(體

認)이라 부른다. 그리고 이 "체인"적 인식을 그는 "통"이라는 말로 표현한다. 여기서 천기의 활동운화와 인기의 활동운화가 합칭된 이유가 드러난다. 천인운화란 무엇인가? 그것은 인기의 활동운화가 천기의 활동운화를 "승순"(承順)하는 관계를 뜻한다. 인기의 활동운화는 천기의 활동운화를 끊임없이, 간단의 쉼이 없이 승순해야하는 것이다. 여기 "승순"이란 말속에 이미 현대과학이 2세기동안에 저지를 병폐에 대한 경종이 숨어있다. 천을 인이 정복해야할 대상으로 바라보고 있지 아니한 것이다. 혜강에 대한 인간적 경이감은 서양과학의 예찬자이면서도 그 한계를 명료히 통찰하고 예언하고 있다는 사실에 있다. 천·인의 관계는 끊임없는 승순의 관계가 되어야 한다. 이것이 바로 『역易』이 말하는 "계지자, 선야."(繼之者, 善也.「繫上」五章)의 혜강적 해석의 본령일 것이다. 천기지활동운화(天氣之活動運化)는 혜강의 저서에서 천지지활동운화(天地之活動運化), 대기지활동운화(大氣之活動運化)와 동일한 개념으로 나타나고, 혹은 천기운화(天氣運化), 천지운화(天地運化), 대기운화(大氣運化) 등의 약칭으로 다양하게 변주되어 나타난다. 대기운화를 인간이 승순할 때 인간내의 활동운화가 남김없이 드러나게 되고 이것이 곧 천인합일(天人合一)의 전통적 사유명제의 최종적 의미가 되는 것이다.

13. 그렇다면 천인운화의 승순의 관계는 구체적으로 어떻게 이루어지는가? 이 인식방법론을 밝힌 것이 바로 그의 초기 저작인 『신기통神氣通』과 『추측록推測錄』이다(이 양자를 합쳐 『氣測體義』라 한다. 道光十六年, 1836년 「序」). 혜강 자신이 언명키를 기의 체(體)를 논한 것이 『신기통』이요, 기의 용을 논한 것이 『추측록』이라 하였다(『氣測體義』 序/2a). 이것은 또 무슨 말인가? 신기(神氣)란 곧 모든 존재 그 자체를 말한 것이다. 우주가 신기아닌 것이 없다. 모든 존재가 곧 신기인 것이다. 그것은 모든 실제적 이치가 기본으로 하고 있는 근원이요 뿌리다(氣爲實理之本。序/2b). 따라서 인간도 신기로 구성된 가합의 아이덴티티체계요, 인간에게 대상으로 나타나는 모든 물사(物事)도 신기로 구성되어 있는 사회 체계(Societies of *Qi*)들이다. 그런데 이 천지지기(天地之氣)와 나의 형체지기(形體之氣)는 서로 단절될래야 단절될 수가 없는 것이다. 그것은 스스로 통(通)할 수밖에 없는 것이다. 통(通)할 수 없다하는 것은 기(氣)에서 신(神)이 소멸한 것이다. 그것은 죽음이다. 이 통(通)을 그는 "지각"(知覺)이라 부른다. 지각은 단순히 현대번역술어에서 의미하는 "센세이션"(sensation)이 아니다. 지(知)를 센세이션의 단계라 한다면 각(覺)은 그것을 뛰어넘는 고도의 인식작용이다. 어떠한 경우에도 혜강의 지각

혜강 최한기와 유교

은 록크-버어클리-흄 류의 지각으로 곡해될 수 없는 것이다.

통(通)의 주체는 인간이다. 인간이야말로 신기를 통하는 것을 의식적으로 자각할 수 있기 때문이다.『신기통神氣通』의 첫 조목은 "체통"(體通)이다. 체통이란 몸 전체(諸竅)로 교접하는 것을 말한다. 그리고 체통(體通)은 다시 목통(目通), 이통(耳通), 비통(鼻通), 구통(口通), 생통(生通), 수통(手通), 족통(足通), 촉통(觸通)으로 분립(分立)된다. 여기 목통, 이통, 비통, 구통, 촉통은 유식(唯識)에서 말하는 전오식(前五識: 眼, 耳, 鼻, 舌, 身)을 말한 것임을 알 수 있다. 허나 이 오식(五識)은 산스크리트어에, 즉 인도유러피안 어군의 판단구조에 공통으로 나타나는 오관(五官: Five Senses)을 모델로 한 것이다. 허나 한자문화권의 인식론은 오관의 인식론이 아닌 구규(九竅)의 인식론이다. 규(竅)가 곧 통(通)의 개념인 것이다. 그리고 혜강이 생(生)·수(手)·족통(足通)을 첨가한 것은 상칠규(上七竅)에 대한 하이규(下二竅)의 개념까지를 포괄한 것이다. 생통(生通)이란 인간의 생식기능의 지각이다. 이것 또한 천기운화(天氣運化)를 파악하는 중요한 통로(通路)인 것이다. 그리고 이 팔통(八通)은 분립한 채로 팔통에 머물지 않는다. 이 팔통이 서로 유기적 관계를 맺는 통을 그는 주통(周通), 변통(變通)이라고 한다. 바로 주통(周

通)·변통(變通)에서 허실(虛實), 출입(出入), 진퇴(進退), 동정(動靜), 시비(是非), 선악(善惡)의 문제가 제기되는 것이다.

14. 신기(神氣)는 기(氣)의 체(體)요 추측(推測)은 기(氣)의 용(用)이다. 이 말은 과연 무엇인가? 신기(神氣)란 우주만물의 존재론적 차원을 말하는 것이요, 추측(推測)이란 인간의 의식계에 한정된 인식론적 차원을 말하는 것이다. 추측(推測)의 바탕이 곧 신기(神氣)니 신기는 체(體)일 수밖에 없는 것이요, 신기(神氣)의 통(通)의 효용이 인간의 형기(形氣)에서 발현되는 것이 추측(推測)이니, 그것은 신기라는 체의 묘용(妙用)의 일례가 아닐 수 없다. 추측(推測)이란 어찌보면 인간의 우주인식방법의 전체를 포섭하는 운화행위일 것이다. 요컨대 신기는 존재론적 측면(體)이요, 추측은 인식론적 측면(用)이다. 신기는 실리지본(實理之本)이요, 추측은 확지지요(擴知之要)인 것이다(『氣測體義』序/2b).

박종홍(朴鍾鴻)선생의 최한기연구야 말로 남한의 학계에 그 사상적 구조를 포괄적으로 알린 최초의 업적이었고, 그

선구적 노고를 우리는 조금도 폄하해서는 아니된다. 그러나 박선생님의 연구는 북한학자들의 촉발을 받은 것이요, 따라서 북한학자들이 혜강을 유기론적 유물론자로 규정하는 것에 상대하여 그를 베이컨, 오캄, 록크, 흄류의 경험론자로 규정할 수밖에 없었던 것이다. 그 논변의 외형이 일단 그럴싸하게 보이지만 박종홍선생의 연구는 기학의 포괄적 체계의 이해에 미칠 수 없었던 일천한 정보의 분석에서 나온 속단이었다. 혜강의 "추측"은 서구계몽주의 인식론의 어떠한 유형으로도 파악될 수 없다. 추가 기를 대상으로 하고 측이 리를 대상으로 한다는(推氣測理) 논지의 맥락에서 오히려 그를 록크·흄류의 경험론자로 보기보다는 오성의 형식(합리론전통)과 감성의 내용(경험론전통)을 결합하여 인식론의 체계를 세운 칸트적 종합의 경우와 비교할 수 있을지 모르지만, 이 또한 근본적으로 유비가 불가능하다. 왜냐하면 혜강의 추와 측은 감성과 오성이라는 실체화된 개념으로 대비되기를 거부하는 동적인 개념이기 때문이다. 혜강은 인간의 인식을 경험에 국한시키지 않는다는 의미에서 경험론자와 다르고, 인식의 선험적 주체를 인정하지 않고 단지 동적인 활동운화지기만 인정한다는 면에서 칸트의 선험주의와 완전히 배치된다. 추와 측은 요소심리학적 인간의 기능의 실체성으로 규정될 수 없는 대소원근(大小遠近)의 상대적·유동적·중관적(中觀的) 개념이다. 추(推)를 소근(小近)에 비유하고 측(測)을 대원(大遠)에 비유할 수 있을 것이지만, 대소원근(大小遠近)은 항상 상대적인 개념으로 나타난다. 유형(有形)의 기(氣)를 추(推)하여 무형(無形: 결국 有形이다)의 리(理)를 측(測)한다하지만, 측(測)의 대상은 측(測)이 달성된 후에는 또 다시 추(推)의 대상이 될 수 있는 것이다. 이것을 그는 "역통중관"(歷通重關: 차례로 겹겹의 관문을 통한다)이라고 한다. 추(미룸)와 측(헤아림)은 근(近)·천(賤)·면(面)·소(小)·시(始)·천(淺)과 원(遠)·귀(貴)·방(方)·대(大)·종(終)·심(深)의 차원에서 비교될 수 있다. 근(近)을 미루어 원(遠)을 헤아리고, 천(賤)을 미루어 귀(貴)를 헤아리고, 면(面)을 미루어 방(方)을 헤아리고, 소(小)를 미루어 대(大)를 헤아리고, 시(始)를 미루어 종(終)을 헤아리고, 천(淺)을 미루어 심(深)을 헤아린다. 그러나 추와 측은 서로가 서로에게 체용이 되는 것이요. 서로가 서로를 보완시키고 완성시키는 변증법적 유기적 관계에 놓여있는 것이다. 바로 이러한 변증법적 유기적 관계를 그는 "확지지요"(擴知之要: 인간지식의 확대의 요체)라고 말한 것이다. 다시 말해서 혜강의 인식론은 감성·오성·이성 등의 공시적 단면에서의 정적인 인식구조를 말한 것이 아니라, 비규정적인 동적인 인식과정만을 말한 것이다. 그 추측의 대강은 추기측리(推氣測理), 추정측성(推情測性), 추동측정(推動測靜), 추기측인(推己測人), 추물측사(推物測事)의 오문(五門)으로 나뉜다. 여기 전통적 성리학의 대립개념들이 유기적 관계항 속에서 과정론적으로 해소되어가는 것을 일별할 수 있을 것이다. 이에 관해서는 그간 연구업적이 꽤 축적되어 있음으로 상설(詳說)을 약(略)한다. 단지 멍쯔(孟子)가 "만물개비어아의"(萬物皆備於我矣)라 한 것이나 주쯔(朱子)가 "구중리응만사"(具衆理應萬事)라 한 것은 결코 만물의 리가 내 마음에 본디 구유되어 있다는 것이 아니요, 단지 추측(推測)의 대용(大用)을 찬미한 것일 뿐이라는 그의 「추측제강推測提綱」의 명언을 특기해둔다. 인간의 마음은 본시 허담(虛澹)한 것으로 단지 추측(推測)의 능력만을 갖추었을 뿐이다. 인간의 지식의 내용이 마음에 선천적으로 담겨져 있는 것은 아니다. 만리(萬理)는 추측의 활용을 통해 얻어지는 지각의 내용인 것이다. 인간의 마음속에 본래적으로 만물의 이치가 구비되어 있다고 주장한 과거 심학(心學)·리학(理學)의 통폐에 대한 일갈이다. 그렇다고 이를 록크의 "타부라 라사"(tabula rasa)로 해석할 수는 없는 것이다. 추와 측이야말로 인간이 대기운화를 승순하여 천인운화를 이룩할 수 있는 확지(擴知)의 요체(要諦)인 것이다.

15. 마지막으로 묻노라. 천인운화의 궁극적 소이연은 무엇이뇨? 혜강은 말한다: 그것은 통민운화(統民運化)다 ! 통민운화란 또 무엇인가? 그것은 곧 천인운화의 변증법적 과정이 통민운화라고 하는 "경세치안"(經世治安)의 대체적 프락시스의 축 속에서 그려지고 있음을 말하는 것이다. 혜강에게 있어서 진리란 추측지리(推測之理)와 유행지리(流行之理)의 "부합"(符合)관계를 말하는 것이다. 우리는 여기서 진리란 현상의 실재와의 부합관계(Truth is the conformation of Appearance to Reality. *Adventures of Ideas,* p.241)라고 한 화이트헤드의 말을 연상케된다. 이렇게 부합되었을 때에 비로소 우리는 천인운화에 대한 "준적"(準的)을 얻게된다. 이 준적이 쌓이게 되면 그것은 곧 "인도"(人道)를 형성하게 된다. 혜강이 말하는 인도란 인간세의 보편타당한 준거가 되는 매우 복합적인 패러다임이다. 이 패러다임에서 비로소 "통민운화"가 가능케 되는 것이다. 다시 말해서 그의 통민운화는 과거의 관념적 경세치용의 결과가 아니요, 과학적 진리의 보편법칙에 의하여 다스려지는 인간세의 모습에 관한 것이다. 통민운화는 『대학』8조목에 따라 다음의 3단계로 구분된다: 1) 격물(格物)·치지(致知), 2) 성의(誠意)·정심(正心), 3) 수신(修身)·제가(齊家)·치국(治國)·평천하(平天下). 다시 말해서 천인

운화를 경험을 통해 얻는 것이 격물·치지의 1단계요, 이 얻은 것에 의거하여 준적을 수립하는 것이 성의·정심의 2단계요, 이 준적에 의거하여 다시 변통(變通)을 시행하는 것이 수·제·치·평의 3단계인 것이다. 1단계는 외(外)로부터 내(內)로 흡수되는 것이요, 2단계는 내에서 온축되는 것이요, 3단계는 내에서 외로 다시 발현되는 것이다. 물론 이 3단계는 궁극적으로 시간의 선후를 논할 수 없는 것이다. 그리고 수신(修身)의 요체는 일신운화(一身運化)요, 제가(齊家)의 요체는 교접운화(交接運化)요, 치국(治國)의 요체는 통민운화(統民運化)며, 평천하(平天下)의 요체는 대기운화(大氣運化)다. 다시 말해서 격물·치지(物을 格하여 知에 이른다)라는 과학적 추측과정을 통하여 성의·정심의 내면적 준적을 얻어 그것을 사회적으로 실천하는 것, 이 세 축을 관통하는 것이 곧 통민운화인 것이다. 다시 말해서 인간의 지식이 지식 그자체로서 정당성이 확보되는 것이 아니라, 그 지식이 어떠한 통민운화를 달성하냐는 데 곧 그 지식의 정당성이 확보되는 것이다. $E=MC^2$이 원자폭탄을 만들 수 있다는 것은 곧 추측지리가 유행지리와 부합한 것이다. 그러나 그 원자폭탄이 사람을 살상하는데 쓰인다면 그것은 통민운화에 어긋나는 것이다.

16. 그렇다면 통민운화가 구체적으로 지향하는 국가사회의 모습은 어떠한 것인가? 혜강은 말한다: 그것은 일통(一統)의 대동사회(大同社會)다. 그럼 묻겠다. "일통의 대동사회"란 무엇인가? 전통적으로 막연하게 『예기禮記』「예운禮運」편에서 "대동"(大同)을 말한 이래, 중국의 근세자강운동파들이 "대동"을 사회개혁의 이상으로 삼았다. 과연 대동이란 무엇인가? 대동이 획일주의적 사회를 의미한다면 그것은 대이(大異)만 못한 것이 아닌가? 공산주의의 실패는 결국 대동의 지향에 있었던 것이 아닌가? 대동이 뭐가 좋은가? 개체성을 존중하는 사회의 지향이 더 이상적인 것이 아닌가? 통민운화의 이상이 어찌 대동에만 있다할 것인가? 이의 질문에 대한 혜강의 논변은 매우 구체적이고 정교하다. 그가 말하는 일통(一統)이란, 민(民)과 민사이의 일통만을 말하는 것이 아니요, 천지와 인물 사이의 일통을 아울러 말하는 것이다(2-88). 그가 말하는 일통대동(一統大同)이란 어떤 획일주의적 삶의 모습을 말하는 것이 아니라, 우리 사회적 삶을 지배하는 어떤 보편적 준칙, 다시 말해서 우리가 사는 세상의 모습이 제각기 다른 잣대에 의하여 움직이는 것이 아닌, 어떤 통일된 기준을 획득하게 되는 것을 말한다. 예를 들면, 여기 썩은 물, 맑은 물, 파란 물, 구정물, 노란 물, 시궁창 물, 약수물, 복줏물

등등이 있다고 하자! 좋은 비유일지는 모르겠으나 이러한 물들에 대한 인식에 있어서 추측(推測)을 통하여 "H_2O"라는 어떤 원리적 인식이 성립했다고 한다면, 그러한 H_2O에 의하여 물의 현상을 설명하는 방식은 무엇인가 종래와는 다른 보편적 기준이 가능할 것이다. H_2O라는 공식에 의하여 수소나 산소와 물이나 얼음이나 수증기같은 제각기 다른 현상들이 일관되게 설명될 수 있다면 물과 얼음과 수증기에 관한 제각기 다른 논변들이 해소될 수 있을 것이다. 혜강이 생각한 대동(大同)이란 바로 이러한 것이다. 기학의 공효는 바로 이러한 인간세의 시비나 선악을 해소할 수 있는 어떤 최소한의 기준이 확대되어 나갈 수 있으리라는 믿음과 관련된 것이다. 따라서 혜강에 있어서는 우리가 생각하는 과학(Wissenschaft, 앞의 체계들)이라는 것도 구극적으로 주공지도(周孔之道)의 일부인 것이다. 저우꽁(周公)과 콩쯔(孔子)의 배움(學)은 실리(實理)를 쫓아 지식을 확충하고 이로써 나라를 다스리고 천하를 평화롭게 하는데 나아가기를 바라는 것이다(周孔之學, 從實理而 擴其知, 以冀進乎治平。『氣測體義』序/2a).

17. 혜강은 신비를 빙자한 모든 학문을 배격한다. 혜강의

우주에는 신비라는 글자가 없다. 신비(神秘)는 기비(氣秘)일 뿐이다. 기비(氣秘)는 추측운화(推測運化)를 통하여 점차 기현(氣顯)으로 전환될 뿐이다. 헤아릴 수 없고 알 수 없다고 하여 그것을 모두 신비(神秘)에 귀속시키면 제거할 수 있는 것도 제거할 수 없게 되고, 규명할 수 있는 것도 규명할 수 없게 될 것이다.(事物之可致疑惑, 與不足疑惑者, 皆歸之于神。可除却者, 不能除却; 可究明者, 不能究明。 2-91)

18. 혜강이 말하는 성인(聖人)이란 무엇인가? 그것은 곧 "기학지인"(氣學之人)이다. 기학지인이란 무엇인가? 그것은 곧 과학자다. 과학자란 무엇인가? 과학자란 과학(科學)의 놈(者)이 아닌 통학(統學)의 놈이요, 국학(局學)의 놈이 아닌 통학(通學)의 놈이다. 그가 생각한 이상적 치세의 인물은 천지운화의 대강을 체인하여 승순하고 그것에서 준칙을 확립하여 그 보편적 기준을 인간세에 적용하여 대동의 조화로운 삶을 이룩할 능력이 있는 인물이었다. 나는 묻겠다. 1+1은 분명히 2다. H 두 분자와 O 한 분자가 만나면 분명히 물이 된다. 그런데 1+1이 2가 되는 생활방식을 고수하는 우리사회 지도층이 몇 명이나 되는가? 그들에겐 1+1이 3이 되고 5가 되고 수억만

이 되는 것이 상식이 아닌가? 그들에겐 H 두 분자와 O 한 분자가 만나면 물이 안되고 불이 되질 않는가?

기학이 오늘 우리에게 절규하는 외침은 바로 여기에 있는 것이다. 주중에 실험실에서 천기운화를 질측(質測)하는 자들이 주말엔 예배당에 가서 할렐루야 아멘을 외치고 휴거를 외치고 창조-종말을 외치고 온갖 점쟁이들을 찾아다닌다면 과연 "배움"이란 의미가 어디에 있는 것일까? 과학자들은 과연 통민운화의 진리로부터 면죄부를 발행받을 수 있는 자들인가? 그들은 과연 객관성이란 보호막아래 사회적 진리에 대하여 무감인(無感人)이 되어도 좋다는 말인가? 우리의 "배움"을 선도하고 있는 "과학"의 의미가 과연 어디에 있는가? 가치관의 일관된 정직성이 필요하지 않을까? 한훼이(韓非)는 능법지사(能法之士)가 등용되지 않는 그의 사회현실을 통탄했다. 지금 혜강의 유혼은 그가 묻힌 개경(開京)의 산하에서 삼각을 바라보며 우리사회의 능기지사(能氣之士)의 부재를 개탄하고 있지 않을까?

19. 이상은 나 도올이 『독기학설讀氣學說』을 쓴지 꼭 아홉 해만에 혜강의 학문을 새로운 시각에서 조명해보고자 하는

학인들의 간청에 못이겨 사라진 기억을 더듬으며, 혜강의 저술, 『기학氣學』, 『신기통神氣通』, 『추측록推測錄』, 『인정人政』 4종을 통독하고 난 소감을 밝힌 것이다. 이 논문의 배후의 여러 생각의 갈래에 관하여서는 내가 오는 도올서원 제13림 (2000년 1월 9일~2월 4일), "한국사상사특강"에서 소상히 밝힐 것이다. 다시 한번 말하지만, 조선사상사를 실학(實學=近代性)의 개념을 축으로 해서 밝히려는 노력은 심히 잘못된 것이다. 이제 우리는 우리의 주체적 사관과 사학을 정립해야 할 시점에 이른 것이다. 명백한 것을 명백한 것으로 볼 줄 아는 후학들의 명철한 심안을 기구(冀求)한다. 혜강에 관하여 논문을 쓰는 일들은 무의미한 짓이다. 실학운운하며 방대한 논문을 몇백권을 써도 그것은 다 휴지장이 되어버릴 뿐이다. 후학들이 해야할 일은 오로지 혜강의 저술을 정확한 출전을 밝히어 한권 한권 통째로 번역하는 것이다. 혜강의 저술이 우리말로 번역되지 않는 한 혜강의 연구는 영원한 답보상태를 면치못할 것이다. 논문쓰기는 쉽다. 번역은 어렵다. 어려운 것은 버리고 쉬운 것을 쫓기만 한다면 어찌 그것이 활동운화의 무본(務本)일 수 있겠는가? 『인정』, 『신기통』, 『추측록』을 번역한 민족문화추진회의 제현들, 그리고 『기학』을 번역한 경상대학교 손병욱(孫炳旭)교수(나의 문제門弟)의 노고를

혜강 최한기와 유교

이 자리를 빌어 치하한다.

20. 혜강이 음양·오행을 부정하고 경락의 내재적 법칙에 관한 고구(考究)를 게을리한 것은 그의 아이코노클라스틱한 문제의식 속에서는 정당하다 할 수 있을지 몰라도, 그의 기학의 미비처요, 그의 사유의 미흡처로 남는다. 이 문제에 관하여는 앞으로 나의 기철학의 의론(醫論)부분에서 소상히 밝힐 것이다.

1999년 8월 9일 석(夕)

낙산(駱山)아래서

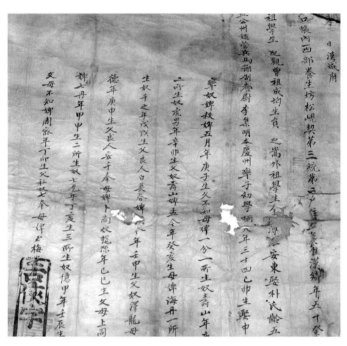

1852년 한성부에서 발행한 혜강가의 준호구(准戶口). 첫줄에 다음과 같이 적혀 있다: 考壬子, 成籍戶口帳內, 西部, 養生坊, 松峴契, 第三統, 第二戶, 住。生員崔漢綺, 年五十, 癸亥生, 本朔寧。 그가 살았던 곳의 정확한 주소를 알 수 있다: 서부 양생방 송현계 제3통 제2호. 지금 한국은행 본점자리가 바로 혜강의 집터였다. 동으로 천보·수락이 나열하고 서로 인왕·와우가 웅크리고 북으로 도봉·삼각이 뻐쳐있다고 기술하고 있다. 노비를 24명이나 거느리고 있었다.

【19세기 서울의 코스모폴리탄】

이 글은 "서울서 책만사다 망한사람"이라는 제목으로 『신동아』 1990년 7월호에 실렸던 글이다 (pp.350~367). 이 때 나는 『신동아』에 "도올세설"(檮杌世說)이라는 장안의 화제가 된 칼럼을 연재하고 있었다. "도올세설"은 내가 88년도 한국일보에 "도올고성"(檮杌孤聲)이라는 전면칼럼을 연재한 후로 두 번째 우리지성사회에 큰 파문을 던진 언론계의 사건이었다. 이러한 언론계의 실험이 밑거름이 되어 오늘날의 문화일보 기자생활에서 쏟아져 나온 논설의 꽃을 만개시켰다고 보아야 할 것이다. 이 글은 당대의 사회의식을 반영하고 있어 혜강만을 전적으로 다루고 있지는 않다. 그리고 이 글은 『독기학설讀氣學說』의 내용과 일부 중첩되기도 한다. 『독기학설』을 탈고한 직후에 쓴 글이기 때문이다.

주39에 처절하게 몸부림쳐야만 했던 나의 삶의 모습이 묘사되어 있어 이 글의 긴장감을 전해준다. 나는 그 해 원광대학교 한의과대학에 학부생으로 입학하여 촌음을 아끼는 생활을 하고 있었다. 막중한 암기를 강요당하는 해부학시험을 보는 와중에도 나는 이러한 대사회적 논설의 붓을 멈출수가 없었던 것이다. 이미 지나가 버린 삶의 영상이지만 그 농축된 그림자가 나의 추억 속에 좀 끔찍하게 다가온다. 이 "서울서 책만사다 망한사람"이라는 자극적 논설제목은 당시 혜강공을 사람들에게 회자시키는 데 일정한 기여를 하였지만 결코 혜강의 삶에 적합한 제목은 아니었다. 혜강은 결코 "망(亡)한 사람"이 아니다. 말년에 궁핍한 생활로 곤욕을 치르긴 했지만 그의 불굴의 정신은 세기를 뛰어넘어 크게 흥(興)하고 있는 것이다.

19세기 서울의 코스모폴리탄

다산(茶山) 정약용(丁若鏞)은 항상 페리페리에 살면서 센터를 향하고 있었다. 혜강(惠岡) 최한기(崔漢綺)는 평생을 센터에서 살았지만 그의 관심은 항상 센터를 초극하는 곳에 있었다. 다시 말하여 다산은 구질서의 보완작업에 일생을 바쳤지만, 혜강의 관심은 다산이 대상으로 한 그 질서에서 완전히 일탈해 있었던 것이다.

한가름 칼의 역사, 야만의 역사

내가 토지(土地)의 사람, 박경리(朴景利)선생을 만난 것은 아직 봄바람이 음지에 쌓인 백설을 녹이지 못하던, 이해 (1990) 두째달이 끝나기 전의 어느날, 원주에서 제천으로 빠져나가는 길목 자택 뜨락에서 였다.[32) 넓은 정원 금잔디가

고요하게 양지의 봄기운을 받아 움트려고 사근사근 소리를
내고 있는 듯한 그런 분위기에서 나는 그 뜨락을 밟았다. 날
주변의 어린 사람들이 고독하게 산다구 원치않는 걱정을 해
주는 것조차 구찮게 느껴진다고 나에게 울정을 토하시며 말
문을 여시는 선생은 도대체 이 대자연의 생동운화(生動運化)
속에서 고독할 새가 어디있겠냐구, 어린 백성의 어림을 몹시
꾸지람하시는 것이었다.[33]

---

32) 이 칼럼이 쓰여지고 있는 시대적 배경에는 노태우대통령이 일본에
가서 천황 아키히토를 만나고 온 일, 미국에 가서 소련대통령 고르
바쵸프를 만나고 온 역사적 사건이 깔려있다. 피상적 사건으로 지
나칠 것이 아니라 앞으로 우리가 교류하여야 할 대상으로서 그 정
체의 파악을 심화시켜보자는 의도가 깔려있는 것이다. 여기서 말하
고 있는 일본론은 제4회 "굼발이와 칼재비"와 제5회 "問學諫往
記"에서 말하고 있는 일본론과 대조를 이룬다. 부정과 긍정이 엇
갈리고 있다.

33) "어린"의 원의는 "어리석다"라는 뜻이다. 그런데 그 "어린 아희"
의 "어리석음"의 부정적 의미를 불식하고 거기에 새로운 의미를
부여하여 그것의 준말로서 "어린이"라는 새말을 창출한 사람이 바
로 소파 방정환(小波 方定煥, 1899~1931)선생이다. 방정환은 바
로 해월 최시형의 제자이며 동학 3세 교조인 손병희의 사위다. 방
정환의 "어린이"운동사상은 바로 東學의 天主사상에 의거한 인간
평등론과 해월의 "勿打兒사상"을 발전시킨 것이다. 해월은 당시의
부녀자들이 어린 아희를 무의식적으로 몹시 때리는 것을 가슴아파
하였다. 그리고 늘상 이르기를 "어린 아희들을 때리지 마라. 어린
아희가 곧 하늘님이니 하늘님은 맞어 그 氣가 손상되는 것을 원치
아니하신다"라고 하였다. 이렇게 본다면 우리나라의 20세기 근대

아～ 요 몇년사이는 도통 책을 읽지 않았다구, 아니 읽어 봐야 맨 그 소리가 그 소리라구, 지목소리는 하나두 없는 맨 베껴먹은 잡설 투성이래서 그 시간에 잔디라두 가꾸지 책이라군 하나두 손에 잡질 못했는데, 우연찮게 얻어본 김선생책 몇가지에서 그런 프러스트레이션이 다 해소되었다구, 어떻게 그렇게 문장의 호흡이 길 수가 있냐구, 그냥 불길이 훨훨 타오르는 것 같다구, 요샌 사람이 너무도 없는 세상이니께 자중하라구 일러주시는 통에 송구스러워 몸 둘 바를 몰라하던 그 경황에, 어느덧 대화는 나의 외우(畏友)며 선생의 사위인 지하(芝河)형에게로 옮겨갔다.

"아 원보애비가 요즘 너무 동학 동학 하더니 너무 신비주의에 빠져있는 것 같애. 뭔 그렇게 동학이 신비한거라구 그렇게 받들건 없지 않은가? 그냥 소박한 민중의 생각이 아니겠소…" 하시더니만 이제는 거꾸로 대기속에서 홀로 사시며

적 인간관의 물줄기가 모두 *海月*사상에서 유래된 것임을 알 수 있을 것이다. 일제시대 최대규모의 민중항거인 *三·一運動*이 곧 손병희와 *東學*조직이 주체가 되었다는 사실도 간과할 수 없는 역사적 사실이다.

방정환의 "어린이운동"을 계기로 "어리다"라는 형용사의 의미가 "어리석다"에서 부정적 가치관이 탈색된 오늘의 용법으로 변모된 의미론의 역사를 독자들은 통찰할 필요가 있다. 나는 본문에서 "어리다"를 방정환 이전의 옛용법의 의미로 썼다.

느끼시는 당신 자신의 체취가 배인 신비주의 세계로 마구 빠져 들어가시는 것이었다.

"김선생! 알아요? 저 잔디의 잡초를 뽑아보면 너무도 강력한 흙냄새와 풀냄새가 진동하지요. 천지생명의 준동(蠢動)이지요. 아니, 그 강력한 내음새는 그 잡초가 날 왜 뽑냐구, 난 죽기 싫다구, 난 죽을 수 없다구, 마악 발악하면서 자기생명을 주장하는 소리 같애요. 내가 혼자 살면서 좀 돌지 않았나 경계할 때두 없진 않지만 이 천지의 생명은 정말 엄청난 것 같애요. 내가 마른 잔디에 물을 주면 풀들이 서로 물을 많이 먹고 싶어 물을 막 끌어 잡어 당긴다니까요. 닭장엘 들어가면 수탉이 암탉을 탁 가로막고 나에게 뎀벼 보라고 재세하는 품이 인간보다 더 영활하다니깐요? 우주대생명엔 의식의 우열이 없어요. 인간이 정말 초라하지요."

때마침 난 한의과대학에 신입해서 그 우주생명의 근원을 탐구해 볼 요량이라구 고백하니깐 선생은 날보구 그따위 썩은 체제 속으로 다시 기어들어갈 생각일랑 말구 만주 몽고 파미르고원지대 실크로드를 따라 멀리멀리 여행이나 해보라구, 그러면 뭔가 깊은 진리를 깨달을 수 있을거라구 충언에 충고를 거듭하시는 것이었다. 그러다간 갑자기, 무슨 생각이 드셨는지, 날보고 이런 질문을 던지시는 것이었다.

"김선생은 일본을 어떻게 생각하세요?"

나는 그 질문이 어떠한 의도에서 하필 왜 그 시점에 던져졌는지 전혀 생각해볼 겨를도 없었기에 그냥 나에게 준비되어있었던, 2월호 세설(世說)에서 운운하였던 "굼벵이"와 "칼재비"의 논리를 반복하여 나열하였다. 그리고 조선인의 이념적 허세에 비하여 논한다면 일본인에게는 감성적 섬세함과 칼재비의 "신켄쇼오부"(眞劍勝負)의 철저함이 배울 것이 있는 것 같다고, 그리고 즉물적(卽物的) 사고의 구체성, 타협성, 그리고 다양성은 분명 본받을 게 있는 것 같다고 역설하였다.

"김선생은 일본을 나만큼은 모르는 것 같아요."

나를 지긋이 꿰뚫어 보시던 선생은 단도직입적으로 칼날을 곤두세우고 들어왔다. 정말 체면이 말이 아니었다. 일본사상사에 관한 한 조선 이 땅에서는 대적할 자 없는 석학임을 자처하는 마당에 넌 아무것도 모른다고 일갈에 묵사발을 내버리는 통에 난 좀 몸 둘 바를 몰랐던 것이다.

"김선생! 일본을 긍정적으로 볼라치면 반드시 실패헙니다!"

너무도 단호하게 울부짖는 듯 카랑지는 소리에 난 찔끔하면서도, 내심 당신도 그 수많은 감정적 반일주의자 중의 일인이거니, 일본문명에 대해선 아무것도 모르면서 일제 때 당한 응어리만 남아 허공에 메아리치는 울림이거니, 맹목적 국수주의의 열등감이려니, 개방시대의 새 생각을 못 배운 보수진영의 회한이려니 하고 하수에게 놓는 바둑 한점을 때리고 있었다. 아무리 상대가 고약한 놈이라 할지라도 우선 어떤 놈인지는 나의 호오(好惡)를 떠나 정확히 알아야 할 것이고 또 배울 것이 있으면 나쁜점을 제쳐놓고라도 적극적으로 수용해도 맞붙기 어려울 상대일진대, 우선 긍정적으로 보아서는 아니된다는 연막을 쳐놓고 바라보는 선생의 말씀엔 분명 어폐가 있는 듯 보였다. 일제(日帝)의 분노가 너무도 깊은 상처로 남았으려니.

"일본은 야만입니다. 본질적으로 야만입니다. 일본의 역사는 칼의 역사일 뿐입니다. 뼈속깊이 야만입니다."

혜강 최한기와 유교

독자는 내가 군인(굼발이)과 무사(칼재비)의 차이를 말한 것을 기억할 것이다. 타율무장집단(군인)과 자율무장집단(무사)의 에토스의 차이를 보편사적으로 갈파한 대목을. 칼재비의 자율의 윤리가 바로 봉건의 윤리였고, 봉건의 윤리에서 비로소 민주라는 생각이 싹틀 수 있었다면, 봉건의 자율시대가 부재하고 중앙집권적 관료제의 왕정체제만이 지배형태로 존속했던 조선의 역사에서는 근대적 민주의 가능성을 발견키 어렵다고 한 대목을. 바로 박경리선생의 "야만론"은 이러한 칼재비에토스의 긍정적 측면을 역으로 찌르고 들어온 것이다.

　── 아니, 그래도 일본에서는 이미 나라(奈良) 헤이안(平安)시대 때부터 여성적이고, 심미적인 예술성이 퍽 깊게 발달하지 않았습니까? 노리나가(本居宣長)가 말하는 모노노아와레(物のあわれ) 같은.

　"아~ 그 와카(和歌)나 하이쿠(俳句)에서 말하는 사비(寂び)니 와비(侘び)니 하는 따위의 정적(靜的)인 감상주의를 말하시는 군요. 그래 그런건 좀 있어요. 그리구 그런 사람들은 한국 사람들보다 훨씬 더 깨끗하고 순수하지요. 그러나 그건

일종의 가냘픈 로맨티시즘예요. 선이 너무 가늡니다. 너무 미약한 일본역사의 선이지요. 일본문명의 최고봉은 기껏해야 로맨티시즘입니다."

나는 좀 정신이 들기 시작했다. 변소깐에선 쿠린내를 맡을 수 없다고 일전에도 말했듯이 일제 속에서 나서 일제 속에서 자라난 박경리선생 이상의 세대들에게서 내가 공통적으로 감지해온 것은 일본문명을 자기존재로부터 객화시킬 능력이 없다는 것이었고, 따라서 그들에게 남은 것은 **일본을 안다고 하는 무지**뿐이요, 복고적 동경이 아니면 맹목적 저주의 양극단만 있을 뿐이라는 것이었다. 그러나 박경리선생의 논지는 내가 접한 어느 조선인의 논리보다도 심오한 어느 진실을 꿰뚫고 있다는 신선한 감흥에 사로잡히기 시작했던 것이다.

"스사노오노미코토(素淺鳴尊, 天照大神[아마테라스오오미카미]의 남동생)의 이야기가 말해주듯이 일본의 역사는 처음부터 정벌과 죽임입니다. 사랑을 몰라요. 본질적으로 야만스러운 문화입니다. 그래서 문학작품에서도 일본인들은 사랑을 할 줄 몰라요. 맨 정사뿐입니다. 치정(癡情)뿐이지요. 그들은 본질적으로 야만스럽기 때문에 원리적 인식이 없어요. 이론적 인식이 지독하게 빈곤하지요. 그리고 사랑은 못하면서 사랑을 갈망만 하지요. 우리나라 사람들이 어디 문인(文人)의 자살을 찬양합디까? 개들은 맨 자살을 찬양합니다. 아쿠타가와(芥川龍之介), 미시마(三島由紀夫), 카와바다(川端康成) 모두 자살해 죽지 않았습니까? 그들은 그들의 극한점인 로맨티시즘을 극복 못할 때는 죽는 겁니다. 센티멘탈리즘의 선이 너무 가냘퍼서 출구가 없는 겁니다. 개들에겐 호랑이도 없구, 용두 다 뱀으로 변합니다. 난 이 세상 어느 누구보다도 일본작품을 많이 읽었습니다. 그런데 내 연령의, 내 주변의 사람들조차 일본을 너무도 모릅니다. 어린아이들은 말할 것두 없구요. 일본은 정말 야만입니다. 김선생과 같은 훌륭한 학인이 똑똑히 알아야 해요. 일본은 야만입니다. 개들한테는 우리나라와 같은 민족주의도 없어요. 개들이 야마토다마시이(大和魂) 운운하는 국수주의류 민족주의도 모두 메이지(明治)가 억지루 날조한 것입니다. 일본은 문명을 가장한 야만국 (civilized savages)이지요."

— 나쯔메 소오세키(夏目漱石, 1867~1916)는 어떻게 생각하십니까?

"나쯔메 소오세키요? 그 사람은 표절작가입니다. 구미(歐米)문학을 표절해먹은 사람일 뿐입니다. 모리 오오가이(森鷗外, 1862~1922)가 조금 괜찮긴 하지만 모두 보잘것없는 사람들입니다. 우리에게 모두 다 있는 거예요. 우리가 우리를 못 볼 뿐이지요. 아니, 우리나라의 사학자들이구 민속학자들이구 문인들이 무식하게 야나기 소오에쯔(柳宗悅, 1889~1961) 같은 사이비를 놓고 걔가 조선을 좀 칭찬했다구 숭배하는 꼬라지를 보세요. 이거 정말 너무 한심헙니다. 아니 걔가 뭘 알아요. 조선에 대해서 뭘 알아요. 걔가 조선 칭찬하는 것은 조선에 대한 근본적 멸시를 깔고 있는 거예요. 걔가 어떻게 조선의 위대함을 압니까?"

박경리선생의 어조는 열띤 흥분 속에서 격렬해져 갔다. 난 소나기같이 퍼붓는 독설의 흐름 속에서 난 일종의 지적 올가즘같은 것을 느끼고 있었다. 나쯔메 소오세키와 같은 일본의 웅혼한 거두를 표절작가라고 단칼에 베어버리는 박경리선생의 단호한 모습 속에서 나는 보편주의를 지향하는 조선여인의 웅장한 분노를 느낄 수 있었다. 아~ 조선의 양반, 사대가문의 선비들도 아마 저런 당당한 모습을 지닌 사람들이었을 것이다. 나는 한 여인의 모습 속에서 조선역사의 긍정태가 결집된 단적인 파편을 하나 캐어낼 수가 있었다. 박경리선생의 분노는 거대한 분노였다. 그것은 단지 식민지 시대를 살면서 일본 순사의 닛뽄도에 눌린 한의 분출이 아니라, 일본 문명이 지향해온 모든 것이 인류의 미래를 위하여 매우 불행한 것이라는 근원적 부정을 담고 있었다. 박경리선생의 주장이 아무리 극단적인 것이라 해도 이 시점에서 한번 반추해볼 가치가 있다고 느꼈던 것이다.

두가름   무악에서 바라 본 독립문

지난 5월 26일 야밤중, 나는 무악 안산(鞍山)의 산마루를 거닐고 있었다. 나는 무악을 무척이나 사랑한다. 한양도성의 안팍과 한강 이북과 이남을 모두 한눈에 굽어 내려볼 수 있기 때문이다. 이날 밤, 나와 같이 산보를 한 사람은 토오쿄오다이가쿠(東京大學) 중국철학과(中國哲學科) 교수로 있는 오가와 하루히사(小川晴久)선생이었다. 오가와선생은 나의 직속선배며 우인(友人)이었다. 같은 토오다이(東大) 츄우테쯔(中哲)출신으로 왕츠우안산(王船山)을 전공했고 또 조선사상사에 대한 관심이 깊어 고(故) 오노자와 세이이찌(小野精一)

선생의 소개로 학창시절부터 만난 동문이다. 오노자와선생이 작고하시자 그 체어(chair)를 계승하여 토오쿄오 죠시다이가쿠(東京女子大學)에서 전근되어 왔다. 요번 성균관대학교 대동문화연구원에서, 개최한 제4회 동양학국제학술회의, "동아시아 삼국에서의 실학사상(實學思想)의 전개(展開)"에 초청되어 왔다가 일부러 나를 예방한 것이다. 확 트인 한양의 야경을 처음 굽어보는 오가와선생은 감개가 무량한 듯 말문을 열었다.

"김선생의 저술 속에 이 봉원재 뒷산얘기가 그토록 많이 나오는데 정말 본인과 같이 올라와보니 백문이불여일견이라고 느끼는 바가 많습니다. 인간을 만나면 피곤하지만 자연은 말이 없습니다. 이 자연의 경관 속에서 조선문명을 한 눈에 내려보고 있는 선생의 감회를 난 상상할만 합니다."

난 독립문을 가리키면서, 저 독립문을 쌓아올렸던 도성에 갇힌 지성인들이 생각했던 개화의 역사와 저 한강이남에서 보따리 걸머메고 도바리치고 다녔던 해월(海月)이 생각했던 개벽(開闢)의 역사의 차이를 설명하면서 도성 안에서 생각했던 세계의 피상성을 말하자, 오가와선생은 서재필의 독립협회나 만민공동회의 운동조차도 일본인들에게는 소개가 안 되어 있는 형편이니, 무지한 일본인들을 교육시키기 위해선 저 독립문조차도 귀중한 역사의 자료라고 역설을 하는 것이었다.

"일본인들은 일본의 역사가 저지른 죄악에 대하여 너무도 무지합니다. 그 단순한 무지가 또 새로운 죄악을 영속화시키고 있습니다. 우리 일본지성인에겐 그것을 깨우칠 의무가 있습니다."

나는 박경리선생의 "야만론"을 그에게 소개했다. 오가와선생은 "아탓테이루"(들어맞는 얘기다!)를 연발하였다. 도올은 신나서 외쳤다.

"일본역사의 가장 큰 문제는 보편적 가치의 결여입니다. 일본사람들끼리 지키는 께임의 룰을, 밖에서 즉 자기들의 코스모스를 벗어나서는 지킬 줄을 모른다는 것입니다. 일본인은 자기끼리의 로칼리티에만 강합니다. 그 로칼리즘을 인간누구에게나 통할 수 있는 유니버설리즘으로 승화시키는 데는 너무 약해요. 미국 사람들은 금세기 신나게 제국주의를 해쳐먹었습니다. 그런데 미국 사람들이 표방한 것들은 그래도 민주적 선거제도라든가 개방적 교육체제라든가 의회민주주의라든가 물질적 풍요라든가 하는 따위의 가면이었습니다. 즉 어

느 정도 보편성이 있는 가면이었습니다. 그런데 일본은 지금
도 천황제를 지니고 있습니다. 영화는 야쿠자나 사무라이의
"기리"(義理)의 세계를 그리고 있습니다. 문화도 챠도오(茶道)
니 이케바나(生花)니 하는 따위의 해괴하고 특이한 아취(雅
趣)의 세계만 수출합니다. 그래도 서양 사람들은 외양깐 짚쌔
기 둥지에서 태어난 목수 예수를 가지고, 그러니까 그래도 그
런 보편적 이미지를 가지고 제국주의를 해먹었습니다. 그런
데 지금 일본은 미국이나 유럽의 어느 나라보다도 강국입니
다. 그런데 이제부터 과연 아마테라스오오미카미(天照大神)를
가지고 인류를 설득시킬 수 있는 제국주의를 해먹을 수 있을
까요? 그러한 로칼리즘이 인류의 보편적 가치로 승화될 수
있을까요?"

엊그제 나는 토오쿄오 다이가쿠(東京大學)출판부의 책임자
로 있는 우인(友人) 카도쿠라 히로시(門倉弘)선생으로부터 원
고청탁과 안부를 묻는 내용의 편지(6월 1일자)를 받았다:

노대통령이 방일, 일본의 신문들은 만사태평한 듯 긍정
적으로 그의 방일을 보도하고 있습니다만, 전쟁의 죄악
이 정말 그따위 일로 다 무마가 되는 것일까요? 무엔가

사기당한 기분입니다.

盧大統領が來日, 日本の新聞のんきに, 肯定的に, 報道
していますが, 戰爭のこと本當にあんなことで良いので
しょうか。欺されたような氣持でいます。

그러면서 내가 꼭 『조선사상사朝鮮思想史』를 집필·완성하
여 토오쿄오 다이가쿠(東京大學)출판부에서 출간되는 날만을
학수고대한다는 간곡한 부탁을 잊지 않았다.

세가름 러시아, 미르의 사람들

내가 러시아 지성사의 권위자 이인호(李仁浩)선생을 만난
것은 6월항쟁 정신의 승계를 다짐하며 울긋불긋한 오색의 깃
발들이 아크로폴리스를 메우고 있던 유월 첫날 오후 4시반경
관악캠퍼스 5동의 한귀팅이를 차지하고 있는 선생의 연구실에
서였다. 마사츄세츠 캠브릿지 찰스강의 추억을 공유하고 있는
선생과 나는 하바드 학창시절부터 이무럽던 사이다.

— 도대체 일본사람, 미국사람하면 잘은 몰라도 뭔가 이미

지가 잡히는데 소련사람하면 아무것도 머리통에 떠오르는 게 없습니다. 교육 좀 받으러 왔습니다.

"러시아－소련의 역사는 한마디로 **수난의 역사**며, **부조리의 역사**입니다. 수난은 러시아정교회를 중심으로 하는 인종의 문제를 낳았고, 부조리는 온갖 악랄한 관리체제의 권위주의 문화를 낳았습니다."

한나라의 민족성이나 정치문화, 그리고 그들을 지배하고 있는 의식형태(이데올로기)를 이해하기 위하여 반드시 선행 되어야 할 것은 역사적 체험의 축적과정의 이해다. 모든 공시태(共時態)는 통시적(通時的) 연속성의 한 계기로서만 그 존재의의를 갖기 때문이다.

"1917년의 볼셰비키 러시아혁명을 오로지 맑시즘－레닌니즘의 도식 속에서, 즉 맑스주의 혁명사의 한 계기로서만 파악하는 것은 참 웃기지도 않는 얘깁니다. 그것은 분명히 말해두지만 19세기 러시아 역사 속에 내재된 구조적 모순, 서구식 리버랄리즘의 **개혁주의**와 전제왕권이 사용했던 것과 똑같이 폭력적인 방법에 의하여 왕정의 종식을 꾀하려는 **급**

진주의의 구조적 대립이 관(官)과 법(法)이라면 무조건 기피하면서도 전제왕권의 절대성을 신봉하는 민중의 우매함 속에서 아무런 합리적 실마리를 찾지 못한 실패의 결과로서 폭발된 역사의 필연입니다. 그것은 톨스토이의 『전쟁과 평화』가 그리고 있듯이, 나폴레옹의 대군을 격퇴한 러시아제국이 외형적으로는 막강하지만 내면적으로는 정치·경제·문화의 모든 면에서 근대국가의 초보적 기반도 지니지 못한 내외의 불균형 상태를 극복해보려는 의지로 시작된 것이지만, 결국 그 내면적 성취의 실패가 차르왕정의 외형적 형곽만 붕괴시켜버린 사건으로 나타난 것이었습니다. 맑시즘이 없었더라도 차르왕정은 붕괴될 수밖에 없었습니다. 맑시즘이 러시아혁명사의 원인이 아니라, 그것에 선행하는 토착적 원인구조에 맑시즘이 상응되었을 뿐입니다. 러시아는 자본주의단계를 거친 적이 없습니다. 단지 러시아역사의 밑바닥을 면면히 흐르는 **미르**라고 하는 농민촌락공동체의 에토스와 사회주의체제가 전제로 하는 집체주의적 공동체윤리가 그냥 맞아떨어진다고 생각했을 뿐이고, 그러한 상응관계를 정당화시킨 것은 서구식의 합리주의에 경각심을 지녀온 러시아정교회의 끈끈한 신앙체계와 같은 것이지요."

러시아의 역사를 지배하는 역사환경, 그것은 주로 그 작위 문명(作爲文明)이 처한 공간의 조건 즉 풍토와 관련되는 문제이지만, 그 역사환경의 최대치는 "가난"이라는 것이다. 미국의 서부개척사를 일관해보건대 그것은 인류문명에 대한 낙관적 신뢰의 역사다. 거기에는 부지런히 일만 하면 잘 살 수 있다라는 믿음이 있었고, 그리고 그 믿음을 실현시켜준 북아메리카라는 광대한 문명건설에 최적한 풍토가 있었다. 그러나 러시아의 역사는 다르다. 러시아도 미국과 마찬가지로, 그리 장구한 역사를 가진 문명체계는 아니다. 그러나 그 역사는 인간의 믿음을 끊임없이 좌절시키는 최악의 조건을 공간으로 하고 태어난 역사다. 아무리 열심히 노력을 해도 결코잘 살 수 없는, 인간노동의 잉여가치가 축적될 수 없도록 가혹한 풍토가 그들을 기다리고 있을 뿐이었다. 동슬라브족이 7세기에서 10세기에 걸쳐 점령하게 된 지역은 흑해와 발틱해 사이에 펼쳐진 삼림과 초원지대로서 농경문화의 발달에 지극히 불리한 곳이었다. 높은 위도와 극심한 대륙성 기후, 낮은 기온 때문에 농기(農期)가 지극히 짧았고 토질이 나쁜데다 강우량이 고르지 못하여 농업의 생산성이 중세유럽 어느 지역보다도 낮았다. 따라서 러시아 역사야말로 이 자연의 악조건을 인간의 의지와 인내와 협력으로 극복해나간 비장한

기록이라고 말할 수 있는데 그 중추적 역할을 수행한 것이 바로 "미르"라고 하는 촌락공동체였다. "미르"는 러시아에서는 "세계"라는 의미를 갖는다. 즉 미르야말로 그들의 세계였으며 이 세계의 공동체질서를 일탈한 곳에서의 삶이란 상상도 할 수 없는 것이었다. 이 촌락공동체는 그 구성원들의 정치심리가 개별적 가족이나 개인 단위로 해체되는 것을 불허했으며 또 동시에 보다 큰 사회단위, 즉 지역사회나 민족국가로 흡수·용해되는 것도 저해하였다. 이 미르는 키에프공국 이전시대부터 19세기말까지 표면적 정치조직의 변화에도 불구하고 공동생활의 기본단위로서의 기능을 상실하지 않았다. 이 미르가 본질적으로 파괴되는 체험은 사실 소비에트 러시아에서 일어난 것이지만 그 기본 에토스와 내면적 구조는 오늘까지도 지속되고 있다고 보아야 한다.

미르의 사람들이란 무엇인가? 우리말로 정확하게 표현하면 "촌놈"이란 뜻이다. 즉 소련놈들은 한마디로 촌놈인 것이다. 촌놈이란 무엇인가? 촌놈이란 꼰대에 대한 복종심이나 공동체윤리에 대한 충성심이 강하고 외지인에 대한 경각심이 강하다. 그러나 그 경각심이 풀리면 도시놈들보다 화끈하다. 소련 촌사람들을 연상할라치면 도스토에프스키 작중의 부조리한 인물군들을 떠올리면 쉽게 연상이 될 것이다. 가부장제적이고 철저히 남성 중심적이고 술잘먹고 고래고래 소리 잘지르고 감정의 기폭이 심하며 거칠고 눈물이 많고 터무니없는 짓을 잘하고 또 잘 당하면서도 끈기가 강하고 인종하고 또 키마이가 좋고 어수룩하며 깊이가 있고… 한마디로 조선사람들한텐 일본섬사람들 보다 훨씬 더 친근하게 다가오는 인간상인 것이다. 그래서 예술의 선이 깊고 굵은 것도 지극히 상통하는 측면중의 하나다.

"러시아 역사는 항상 두개의 모순되는 부담을 안고 있습니다. 그 하나는 초강대국이라는 것이요. 또 하나는 후진국이라는 것입니다. 강대국과 후진국이라는 두 얼굴은 근세 러시아역사를 떠난 적이 없습니다. 우리가 명심해야할 것은 러시아역사는 어디까지나 중심부문명이 아닌 주변문명의 역사라는것입니다. 아시아역사에 대해서도 주변이며 서유럽역사에 대해서도 주변입니다."

러시아 역사환경의 중요한 특징 중의 하나가 광막한 초원지대가 되어 놔서 외세로부터 자신을 보호할 수 있는 천연의 장막이 존재하지 않는다는 것이다. 따라서 미르공동체가 모종의 정치권력하에 단합해야만할 필요성을 느끼게 된 것은 내우(內憂)라기 보다는 외환(外患)때문이었다. 그리고 이 단합의 계기가 미르 내부에서부터 우러나온 것이 아니라 항상 외부로부터 씌워졌다는데 제일먼저 말한 "부조리의 역사"라는 특징이 주어지고 있는 것이다. 외세의 침략으로부터 그들을 보호해주며 그 대가로 삼림으로부터 채취한 모피·꿀·밀랍 등을 세금으로 거두어들여 외부, 특히 동로마제국의 수도 콘스탄티노플로 수출함으로써 이 지방을 하나의 경제적·정치적 그리고 문화적 단위로 통합한 것은 스웨덴출신 무사집단 바랴기였다. 바로 최초의 정치권력의 출현이 이민족 출신 무사집단이었다는 이 사실은 러시아역사에 외래(外來)세력으로서의 정치권력과 자치적(自治的) 촌락공동체의 대립이라는 디프 스트럭처를 장착시켰고 이것은 관(官)과 민(民)의 대립이라는 양상으로 러시아−소비에트 전 역사를 지배하게 된다. 이러한 이원성은 합리적 절차와 이성적 대화를 무시하는 관료주의의 무능과 부패를 낳았고 이것은 러시아인민의 권위주의, 무명인에 대한 횡포의 심리를 형성시켰다.

네가름 타타르의 멍에, 모스크바의 매판성

"러시아라는 내셔날리티는 기본적으로 모스크바공국의 아이덴티티로부터 발전되어 나온 것입니다. 그러나 이 러시안 내셔날리티를 이해하는데 있어서 가장 핵심적인 것은 키예프시대와 모스크바시대를 가로지르고 있는 장장 250년을 지속한 **타타르의 멍에**라고 하는 것입니다. 즉 몽고의 지배지요."

우리 조선사람들도 몽골리안이다. 그런데 이 몽골리안이야말로 잔인한 구석이 있다. 옐로우 테러라고 불리우는 이 황색인종의 공포는 사라센문명의 최상의 성취인 금빛 번쩍이는 미도(美都) 바그다드를 하루아침에 잿더미로 만들어버린 그런 기억을 서양사와 그리고 러시아의 역사에 기록해놓고 있다. 농업을 주업으로 삼던 슬라브주민과 대외무역 및 용병행위를 본업으로 삼던 이민족무사집단간에 이루어진 호혜적 병존관계를 의미했던 키예프시대가 그나마 시민의 자유와 자치의 전통을 존중하는 소박한 정치체제를 의미했다면, 타타르의 지배는 무자비한 강압적 지배와 경제적 수탈, 그리고 그권력에 아부하는 공국(公國)간의 경쟁으로 점철된 그야말로 비참한 역사를 의미하는 것이었다. 러시아의 왕자들은 자기가 지배하던 분립영지(分立領地)에 대한 통치권을 인준받기 위해 처음에는 몽고의 수도 카라코롬에까지 그리고 사한국체제(四汗國體制)가 수립된 후에는 시라이까지 여행, 친히 칸(汗)에게 충의를 표하지 않으면 안 되었다. 그들의 경쟁의 최대목표치는 러시아 전지역의 통관인(統管人)으로서 책임과 권한을 수반하는 블라지미르 수즈달 대공(大公)의 칭호를 획득하는 것이었다. 이 경쟁에서 다른 분립영지국(分立領地國) 왕자들을 물리치고 14세기부터 계속하여 블라지미르 수즈달 대공(大公)의 권한을 장악하는데 성공한 세력이, 몽고군이 러시아를 정복할 당시까지는 미미한 분립영지에 불과하였던 모스크바였다. 모스크바왕실이 러시아 전 지역을 통합할 만한 세력기반을 구축할 수 있었던 것은 무엇보다도 모스크바의 왕자들이 수단과 방법을 가리지 않고 타타르 칸(汗)들의 환심을 사는데 주력했으며 그렇게 하여 확보한 블라지미르 대공(大公)의 권한을 이용하여 모스크바왕실의 재정적 기반을 구축하는데 성공하였기 때문이었다. 그리고 이러한 모스크바공국(公國)은 타타르의 쇠망에 따라 15세기부터는 러시아의 민족통일 및 해방세력으로서 자처하였다는데 러시아역사의 최대의 비극적 요소가 내재한다고 이인호교수는 말한다. (이상의 기술이 상당부분 『文學과 知性』, 1980년 봄호, 이인호, "러시아의 政治傳統과 소련의 政治文化"에서 인용된 것임을 밝혀둔다.)

한마디로 러시아민족사의 주체가 된 모스크바 전제(專制)체제가 민족사의 밑바닥에서 자체적으로 성장한 세력이 아니라 외세에 아부하고 자내의 철저한 수탈을 자행한 매판세력이었다는데 그 비극성이 있는 것이다. 다시 말해서 우리나라의 삼국분립(三國分立)을 통합하여 민족사의 주체가 된 신라(新羅)가 만약 일본이나 중국에 기생하여 성장한 매판세력이었다면 조선사의 풍토가 어떻게 달라졌을까하는 것은 쉽사리 이해가 가는 것이다. 모스크바왕국이 바로 **매판세력**이었다는데, 러시아역사를 관철하는 반관(反官), 반법(反法)의 생존본능, 정치권력이라면 오로지 부정적으로 인식하고 될 수 있는 대로 멀리해야할 것으로 생각하는 습성이 러시아민중 속에 뿌리깊게 자리잡게 되는 것이다. 따라서 향후의 정치발전도 우리나라 역사가 고려의 율령제(律令制)를 거쳐 조선왕조의 유교적 관료주의로 발전하면서 확보한 최소한도의 합리적 기반조차도 확보하지 못한 채 19세기말까지 역사는 표류하였고 그 표류의 정박지가 바로 맑스-레닌주의 볼셰비키혁명이었던 것이다.

"20세기 초기의 러시아의 인텔리겐챠들의 글을 보면, 프라브다 즉 혁명적 진리(정의가 포함되는)만 앞세우고 이스치나 즉 철학적 진리를 무시한다는 비판이 강하게 나타납니다. 소련사회가 앞으로도 합리적 기반을 획득해가는 과정은 상당히 오랜 시간이 걸리리라고 봅니다. 경제적 수준은 우리나라 6·25직후 수준을 생각하면 족할 것이고 그 관료주의적 경직성은 우리보다 심하면 심하지 못하지는 않을 겁니다. 1900년 통계자료인데 교회가 결혼자격까지 심사하는 무슨 동사무소 같은 건데 그 자격기준이 하도 까다로와서 결혼하고 사는 사람의 반절 이상이 불법 결혼자들입니다. 결혼도 못하고 결혼하고 사는 게죠. 이따위 관료주의, 즉 삶의 형식을 창출하는 것이 아니라 껍데기뿐인 형식이 삶을 지배하는 권위주의는 지금도 소련사회에 팽배해 있습니다."

  지금 소련에서는 여인들의 구찌베니(립스틱)는 생산품목에 들어있지 않다. 그런 것은 사회주의국가에선 용납될 수 없는 부르죠아의 타락된 덕목 속에 들어가는 것이기 때문이다. 그런데 모스크바엘 가면 시내를 나들이 하고 있는 모든 여자들이 빠알간 구찌베니(外製)를 입술에 칠하고 있다. 모두 암시장을 통해서 얻는 불법제품으로 불법행위를 엔죠이하고 있는

것이다. 호텔에 투숙하면 멀쩡하게 생긴 여인들이 문을 두드
린다거나 말보로 한 갑이나 여인의 스타킹 하나면 만사오케
이라든가 하는 따위의 흔히 경험할 수 있는 것 때문에 그들
을 깔보거나 해서는 아니 될 것이다. 그것이 바로 엊그제 우
리의 모습이었기 때문이다.

"그러나 소련의 기초과학의 축적은 자연과학이나 인문과
학분야에서도 놀라운 것입니다. 표트르 대제(大帝)의 개혁(改
革)정치이래 서구전통과의 연속적 발전 속에서 이룩한 축적
은 기형적이지만 놀라운 것입니다. 그리고 그들에게는 수난
과 인내가 가르쳐준 심오한 인도주의와 보편주의가 있습니
다. 그러나 그들은 결코 슬라보필리즘의 민족주의를 버리지
못합니다. 사회주의가 표방하는 국가소멸의 국제주의는 러시
아전통에 관한한 픽션입니다."

다섯가름 이성의 간교와 보편사의 꼭두각시

혜겔(Georg Wilhelm Friedrich Hegel, 1770~1831)이 예나에
서 그의 『정신현상학』(*Phänomenologie des Geistes*)의 마지막
장의 원고를 만지고 있을 때 나폴레옹은 예나를 침공하였다

(1806년). 그는 다락방에서 말타고 시가를 행진하고 있는 나폴레옹을 내려다 보았다. 그리고 프러시아를 정복하고 있는 나폴레옹을 오히려 예찬하고 있었다. 예나침공 다음날 친구에게 쓴 편지에서 헤겔은 다음과 같이 고백하고 있다:

나폴레옹황제 ! 나는 이 **세계정신**(절대정신)이 말을 타고 시가를 행진하며 그의 대군을 사열하는 모습을 지켜보았다. 이 세계사적 개인이 마상(馬上)의 한점으로 우주정신을 휘몰아 결집시키고 있는 모습을 바라보는 것은 정말 황홀한 느낌이었다. 이 세계사적 개인은 이 마상의 한점에서 세계를 뒤덮고 세계를 지배하고 있는 것이다.[34]

1819년 나폴레옹이 패전했을 때 헤겔은 애통해하였다:

---

34) Hegel was living in Jena at the time. One might have expected his sympathies to have been with the defeated German state, but a letter he wrote the day after Jena was occupied by the French shows only admiration for Napoleon: "The Emperor — this world soul — I saw riding through the city to review his troops; it is indeed a wonderful feeling to see such an individual who, here concentrated into a single point, siting on a horse, reaches out over the world and dominates it." Peter Singer, *Hegel*(Oxford: University Press, 1985), pp.1~2.

웅대한 천재의 세계사적 스펙타클이 범용에 의하여 파멸
되는 것은 비극이다!

헤겔이 나폴레옹을 말탄 세계정신(Welt-Geist)이라 한 그 예
찬을 헤겔철학 자체내에서는 **이성의 간교**(List der Vernunft)라고
불렀다. 이것은 그의 역사철학(Philosophy of History)에 고유
한 개념으로, 이성 즉 세계정신은 간교스럽게 역사밖에서 역
사내의 개인들의 싸움과 희생을 통하여 자기의 목적을 달성
시킨다는 것이다. 즉 이성의 목적론체계에 있어서 개체의 활
동은 결국 전체의 쓰임의 수단이 될 뿐이라는 것이다. 다시
말해서 나폴레옹 자신은 자기 개체의 탁월성 때문에 마상(馬
上)에서 세계역사를 휘두르고 있는 듯이 보이지만 그것은 거
꾸로 절대이성의 입장에서 본다면 그러한 개체의 활동을 자
기의 세계사적 정(正)-반(反)-합(合)의 변증법적 운행을 완
성시키는 한 계기로서 이용하는 간교(奸巧)의 수단에 불과하
다는 것이다. 이것은 언뜻 들으면 매우 유치한 발상 같기도
하지만, 자유와 필연의 역학관계를 설정한 서양철학의 이원
론이 보편주의의 입장에서 인간역사를 설명하려고 하는 한
반드시 등장되는 개념이다. 도올의 기철학의 역사철학관에서
는 헤겔이 말한 "이성의 간교"와 비슷한 개념을 설정하는데

그것을 "보편사의 꼭두각시"라고 한다. 물론 도올의 기철학적 보편사론은 헤겔이 말하는 삼박자의 변증법도식을 전제하지 않는다. 따라서 자유와 필연의 이원적 대립도 불필요하다.[35]

고르바쵸프나 노태우나 이들은 모두 내가 말하는 보편사의 꼭두각시들이다. 그들의 샌프란시스코 미팅이 어떠한 성격의 것이었나를 불문하고, 그것은 내가 말하는 보편사의 개벽의 축의 전환(Axial Turn)의 한 계기를 형성하는 꼭두각시 놀음인 것이다. 그들은 제각기 제 잘난 맛에 공항에 나온 교민들에게 손을 흔들고 또 회담장소에 느긋하게 약속시간을 어기는 헛폼까지 잡으며 헛기침을 했을지언정, 결국 내가 말하는 후천개벽의 운세를 휘몰아가는 보편사의 한 고리로서 그 꼭두각시 노릇을 충실히 이행하고 있을 따름인 것이다.

노태우는 분명 인민의 살해자이다. 그 자신이 살인자임을 거부한다 할지라도 그는 공범자임에 틀림이 없다. 나는 이

---

35) 이 말의 배면에는 많은 생각이 포함되어 있으나 부연치는 않았다. 나의 책, 『아름다움과 추함』(서울: 통나무, 1987), 77~79쪽에 그와 관련된 생각의 일단이 설명되어 있다.

순간에, 몇일전엔 총체적 난국이었던 것이 갑자기 총체적 호국인 듯 노태우의 미소와 함께 모든 것이 둔갑해버리는 이 순간에도, 나는 외친다! 광주시민의 분노의 함성 그대로 전두환은 찢어 죽여야 한다! 내 어찌 그 살인마들의 광란을 잊을 수 있으랴! 노태우는 군인이다. 노태우정권은 군사독재정권의 연장태이다. 그러나 노태우라는 개인은 바로 대통령이라는 보편사적 직함을 가지고 바로 자기 자신의 존재성을 성립시켰던 바로 그 근거를 허무는 작업을 충실히 이행하고 있는 것이다. 그 동기가 비굴한 써바이벌의 본능에서 나온 것인지, 노태우 뒷짐지기 – 참모들 눈치작전에서 나온 것인지는 몰라도 하여튼 개벽을 향한 보편사의 계기, "만국(萬國)의 병마(兵馬)가 조선땅을 뒤흔들다 죄다 물러날 때 개벽이 이루어진다"라고 말한 해월(海月)의 예언의 한 계기를 실천하는 꼭두각시로서 바로 자기존재를 성립시켰던 군사독재의 근원태를 파멸시키는 작업을 하나 둘 진행시키고 있다는 사실에는 의심의 여지가 있을 수 없는 것이다. 이 개벽의 운세를 최초로 자각한, 해동조선의 한 사나이의 이야기에 이제 잠깐 귀를 기울여볼 필요가 있다.

여섯가름 혜강(惠岡) 최한기(崔漢綺)의 생애

1875년 9월 2일 일본의 군함 운양호(雲揚號)가 서해안을 북상하여 인천(仁川)앞 영종도(永宗島), 그러니까 전두환이 동생 전경환이가 새마을사업 운운하여 땅장수를 해먹은 바로 그 섬 앞에서 난동을 부렸던 사건을 우리는 국사교과서에서 기억하고 있다(운양호사건). 그 결과 그 이듬해 2월 조·일 양국간에 강화도조약이 조인이 성립되었고 이것은 조선역사에 최초의 불평등조약이라는 불행한 망국길의 첫 신호가 되었다. 이에 최익현(崔益鉉)이 척사소(斥邪疏)를 올리고 강화조약교섭을 반대하여 흑산도에 유배되는 사태가 벌어지고 있을 바로 그 때, 최병대(崔炳大)라는 조정의 시종지신(侍從之臣)드(1862년에 문과에 급제) 상소를 올려 강화를 빙자하여 군비를 철회할 수는 없다고 강력히 주장하자 주변의 대신들이 탄핵을 하여 그를 멀리 유배시켰다. 귀양길에 오르는 최병대를 전송나온 노부가 있었는데, 그 늙은 아버지의 얼굴엔 난색끼가 전혀 없었다. 그리고 다음과 같이 의연한 자세로 귀양가는 아들을 타이르는 것이었다:

네가 문장을 배워 문장으로 죄를 얻을 수 있었으니 그것

은 우리가문의 영예로다. 인간세의 화복이란 그리 마음
쓸 바가 되지 못한다.

이 최병대의 아버지는 당시 나이 74세였다. 그리고 그는
이듬해 정축(丁丑)년 75세를 일기로 세상을 떴다. 요즈음 민
가협의 의식화된 부모님들에게서나 볼 수 있는 이 광경을 연
출한 그 노부는 과연 누구였을까? 이가 바로 조선의 개벽운
세를 최초로 이론화하여 기학(氣學)의 체계를 수립한 혜강(惠
岡) 최한기(崔漢綺, 1803~1877) 선생이다. 이 사건을 기록한
이건창(李建昌, 1852~1898)은 일러 가로대:

혜강의 평생을 개괄하건대, 그 사람됨이 오로지 학문에
만 전념하였고 따라서 그 구차스럽지 아니함이 이와 같
을 수 있었던 것이다.

倭舶窺仁川, 惠岡子炳大上疏言:「不可以恃和撤備」
大臣劾奏遠配, 惠岡送之無難色曰:「汝能以言獲罪, 可
謂榮矣, 禍福非所恤也」概惠岡平生, 爲人好學, 而能
不苟如此。

요즈음 국사를 배운 사람에게는 혜강 최한기라는 사람의
이름석자를 기억하는 자는 적지 않을 것이나 내 또래만 되

어도 최한기란 이름은 생소한 이름이다. 그와 같이 혜강은 최근에 와서나, 특히 1960년 북한에서 사회과학원 역사연구소편 『조선철학사』(정진석, 정성철, 김창원 공저)가 나온 후에 비로서 주목을 끌기 시작한, 망각 속에 일세기를 보내야 했던 불운한 철인이었다. 그가 한우충동(汗牛充棟)하는 호한한 저술을 남긴 석학이라는 것은 잘 알려져 있으되 불행히도 그 인간에 관해서는 그 자신의 저술 속에도 또 당대의 유자(儒者)들의 문헌 속에서도 언급되는 바가 극미하여, 그의 일생에 관한 정보는 오리무중 속에 혼미를 거듭하고 있었다. 혜강이 방대한 지식의 소유자라는 점, 그리고 우리나라 19세기 역사의 소용돌이를 바로 한양도성 안에서 겪은 순 서울토박이 사람이라는 것, 그런 명백한 사실에도 불구하고 당대 서울 식자층의 문헌에 혜강이 언급되지 않고 있다는 사실이 많은 의혹을 자아냈던 것이다. 혜강이 혹시 상민이 아닌가? 당대 중국어 서양문헌에 밝은 것을 보아, 그리고 그의 대표작이 그의 생전에 중국 북경 정양문내(正陽門內) 인화당(人和堂)에서 호화디럭스판으로 출판된 사실로 미루어보아 중국을 왕래하던 역관(譯官)류의 중인(中人)출신이 아니었던가?

그러나 이러한 의혹은 장서각 소장 『문보文譜』에서 혜강(惠岡)의 장남 최병대(崔炳大)의 명단과 그 부조(父祖)의 계보가 발견되고 이어 국립중앙도서관 소장 『삭녕최씨세보朔寧崔氏世譜』에서 혜강(惠岡) 일문(一門)의 상세한 세계차서(世系次序)가 발견됨에 따라 그의 양반신분이 확연한 것으로 드러나게 되었다. 그러나 그의 가계(家系)가 말해주는 것은 10여대로 소상(溯上)하여도 단 한명의 문과급제자도 없다는 것이었으니 예전 추측 그대로 별 볼일 없는 궁반한족(窮班寒族)이었던 것은 사실이다. 그러나 이러한 사실은 그의 삶에 관하여 인과적 설명을 가하기 어려운 많은 모순을 잉태시킨다. 성세를 누리지 못한 양반일진대 어떻게 서울장안에서 그렇게 래디칼한 사상을 가지고서도 끝내 탈 없이 버틸 수 있었으며, 또 장안의 모든 책을 구입할 정도로 가산(家産)이 있었다는 사실, 그리고 가산이 있었기에만 벼슬한자리 않고서도 그 엄청난 학문을 수립할 수 있었으리라는 추측이 과연 어떤 근거위에서 타당성을 가질 수 있을 것인가?

이러한 의문의 해결에 결정적 실마리를 제공할 수 있는 사건이 최근에 벌어졌다. 혜강연구에 업적을 쌓아 오신 성균관대 이우성(李佑成)교수님께서 최한기에 관한 최초의 전기

혜강 최한기와 유교

자료라 할 수 있는 소중한 필사본 문헌을 발견하신 것이다.

이건창은 구한말의 출중한 문장가의 일인이다. 그의 문집 『명미당집明美堂集』은 중국 남통(南通)에서 출판된 판본이 통용되고 있으나 그 문집에는 불행히도 이 귀중한 문헌이 산거(刪去)되어 있었다. 그런데 요번에 그 이건창의 미발간 필사본 『명미당산고明美堂散稿』를 정리하는 과정에서 「혜강최공전惠岡崔公傳」이라는 문헌이 발견되기에 이른 것이다.[36] 이건창이 20대의 젊은 관인으로 서울에서 활동하고 있었을 때 혜강이 70전후의 노석학으로서 서울에 생존해 있었으니 두 사람이 상면했다면 상면했을 수 있는 가능성이 없는 것은 아니나, 「혜강최공전」의 내용으로 미루어보아 직접 만난 것 같지는 않고, 이건창이 혜강이 세상을 뜬 후에 그의 삶과 학문을 흠모하여 공경하는 마음으로 당시 떠돌아 다니던 정보를 모아 이 「전」을 기술한 것 같다. 그러나 그가 말미에 "觀公之書, 專言推氣以測理者, 盖先儒之所未發, 而以余之

---

36) 이 문제는 최한기의 생애와 사상에 관한 나의 최근저서, 『讀氣學說』(서울: 통나무, 1990; 개정판 2004)에 상술되어 있다. 허나 나는 『讀氣學說』을 쓸 때만 해도 『明美堂散稿』의 「惠岡崔公傳」의 원본 전체를 구해 읽어보지 못했다. 이 『도올세설』의 기사는 원본 전체를 읽어보고 쓴 것으로 『讀氣學說』보다 집필시기가 늦다. 따라서 이 글은 『讀氣學說』에 대한 보완으로서의 의미도 지닌다고 말할 수 있다.

愚, 不敢遽有所云﹐窺其涯畔, 第備著其名目, 以附紀事之左﹒"(혜강공의 책들을 보니 기를 미루어 리를 헤아린다 하는 주제가 집중적으로 언급되고 있는데, 이것은 대저 선유들이 발현하지 못한 혜강공의 독창적인 사상일 것이다. 나의 어리석음으로써는 감히 경솔하게 무어라 말하기가 어려울 것 같다. 그 대강만 훑어보고 단지 그 이름들만 갖추어 적어 이 기사의 말미에 붙여놓았다)라고 한 것을 보면 이건창이 혜강의 저술은 보았으되 읽지는 않았고 또 혜강의 저술내용에 대해서도 언급한 것을 보아도 전혀 혜강의 학문의 핵심을 관통하고 있지 않을 뿐 아니라, 이건창 자신이 자신의 학식으로는 도통 혜강의 철학을 알 길이 없다고 고백하고 있는 것을 보면 이 양자의 관계는 피상적 관계에 지나지 않았음을 헤아릴 수 있다.37) 그러나 이 「혜강최공전惠岡崔公傳」은 혜강의 삶에 관

---

37) 李建昌은 철종 3년(1852)에 나서 광무 2년(1898)에 죽었다. 본관은 全州며, 江華출신이다. 1866년 별시문과에 丙科로 급제, 1874년 書狀官으로 청나라에 가서 문장가 徐郁·黃珏 등과 교유, 문장으로 이름을 떨쳤으며, 이듬해 忠淸右道 암행어사로 나갔다가 무고한 선비를 사감으로 杖殺했다 하여 碧潼郡에 유배되었다. 1880년에 풀려나와 경기도 암행어사를 거쳐 1892년 咸興府의 난민을 다스리기 위해 안핵사로 파견, 甲午更張 이후에는 海州관찰사에 임명되었으나 나가지 않았다. 철저한 斥洋主義者로 일관했다.

혜강 최한기와 유교

한 우리의 많은 의문점을 해소시켜주는 매우 소중한 정보를 담고 있다. 그리고 혜강의 삶에 관한 정보야 말로 그의 학문을 조선사상사의 역사적 맥락에서 위치지우게 하는 "단절"(Discontinuity)과 "연속"(Continuity)의 문제를 해결해주는 소중한 철학적 자료가 되는 것이다.

일곱가름 조선문명의 패러다임 쉬프트로서의 혜강의 기학(氣學)

혜강은 북한학자들에 의하여, 그의 기학적 입장때문에 조선조의 위대한 유물론자로 평튀겨져서 사상계에 등장하였다. 그러다가 북한학자들의 소개에 자극받은 박종홍선생이 혜강의 학문을 접하고, 그가 말하는 맹자유자입정(孟子孺子入井) 반박설에(孟子는 어린아이가 우물로 기어가는 것을 보며 섬칫하는 것은 惻隱之心의 仁之端의 선천적 발로라고 한데에 대해 혜강이 그것에 대한 후천경험이 전무할 때는 애가 우물로 떨어지는 것을 보아도 그것은 돌맹이 떨어지는 것을 바라보는 것과 아무 차이가 없을 것이라고 반박한 것)에 근거하여 그를 존 록크(John Locke, 1632~1704)의 타부라 라사(tabula rasa: 인간의 인식은 백지상태에서 후천적으로 시작된다)류의 경험주의자로 둔갑시켰다(1965년 『아세아연구亞細亞硏究』에 실린 논문, "崔漢綺의 經驗主義"참고). 그런데 이러한 외래적 개념설정은 최한기의 학문을 설명하는데 전혀 유용한 개념들이 아니다. 최한기는 매터리알리스트이고 엠피리시스트 이기전에, 최한기주의자일 뿐이요, 최한기주의는 반드시 일차적으로 최한기철학에 내재하는 통관적(通觀的) 개념에 의하여 체계화되는 것이 백번 만번 타당할 것이기 때문이다. 상기류의 비교철학적 시각은 해석자 자신의 서양철학에 대한 열등의식이나, 혹은 최한기를 기특하게 봐주는 터무니없는 피상적 호기심의 발로에 지나지 않는 것이 대부분이기 때문이다. 나 도올의 최한기연구는 최한기를 유물론이나 경험론에서 해방시켜 최한기 자신의 기학(氣學)으로 되돌려보냄으로써 최한기 자신의 권리를 되찾게 해주고 나 자신의 "기철학"(氣哲學)의 조선사상사내의 비단절적 준거를 마련하자는 데에 있다. 그러나 이러한 문제는 이 자리에서 상술될 성질의 것은 아니다.

내가 지금 고르바쵸프—노태우 회담을 운운하면서 최한기를 운운하는 것은 충분한 이유가 있다. 다시 말해서 그러한 보편사의 꼭두각시 노름이 성사가 된 것은 바로 개벽의 운세의 한 계기라는 것이요, 이 "개벽"이라는 것은 19세기 중엽의 조선의 선각자들을 사로잡고 있었던 원대한 비젼이었다는 것이다. "개벽"(開闢, Remaking of Civilization)이란 한 마디로 말하면 구질서의 종언과 새질서의 도래의 필연성에 대한 믿음인 것이다. 19세기 중엽의 사상가들에게 있어서 개벽이란 구체적으로 조선왕조의 멸망을 예언하는 것이었지만 그것은 보다 일반론적으로 말한다면 자기의 존재를 떠받치고 있는 질서체계에 대한 믿음의 완전한 포기를 의미하는 것이다. 이미 내가 살고 있는 세상이 그릇되었기에 희망이 없다는 것이요, 따라서 개벽된 새 세상을 준비해야한다는 것이다. 따라서 그들은 기존의 체제의 보완작업을 학문의 대상으로 삼지 않았다.

혜강의 대표작 『기측체의氣測體義』(『추측록推測錄』과 『신기통神氣通』 2부작을 합본하여 명명한 것)가 완성된 1836년은 바로 다산 정약용선생의 몰년이다. 그리고 혜강의 중년 대표작인 『기학氣學』(1857)이 성립하고 몇 해 후에 최수운(崔水雲)의 『동경대전東經大典』(1861~3)이 성립하였다. 그리고 앞서 말했듯이 그의 몰년은 최초의 불평등조약인 강화도조약이 맺어진 다음해다. 이렇게 일괄하건대 그의 일생은 우리민족사의 근대성 태동의 핵심적 여명기의 모든 브리징을 카바하고 있다.

다산(茶山)은 평생을 페리페리(주변)에서 살았지만 그의 관심과 영향소재는 항상 센터(중심)에 있었다. 혜강은 평생을 센터(서울)에서 살았지만 항상 그 센터를 초극하는 곳에 그의 관심이 있었다. 다시 말해서 다산은 구질서의 보완작업에 일생을 바친 인물이었다. 그러나 혜강의 관심은 이미 다산이 대상으로 한 그 질서에서 완전히 일탈해 있었다. 이것은 양자의 치학(治學)방법론의 차이에서 명료하게 드러나는 것이다. 다산은 어디까지나 경학자(經學者)이다. 다시 말해서 유교문화의 모든 가치기준의 근간을 이루는 "성경"(聖經: 聖人의 경전)의 재해석(reinterpretation) 체계를 중심으로 자기의 사상의 줄기를 형성해간 인물이라는 것이다. 즉 "십삼경"(十三經)이라는 고전의 레퍼런스 체계를 일탈하지 않는 범위에서, 즉 동아시아문명을 지배해온 유교질서의 정경(正經, Orthodoxy)의 범위를 일탈하지 않는 범위내에서 자설(自說)의 특출함을 과시한 인물이라는 것이다.

그러나 혜강은 경학자가 아니다. 혜강이 비록 『십삼경주소十三經註疏』를 통달하여 그를 요약한 『통경고通經考』를 짓고, 『이십삼대사二十三代史』를 일람하여 주제별 분류사를 편찬할 정도로 전통학문의 소양이 깊은 인물이었으되 그의 방만한 저술의 전체계가 모두 자기자신의 제목에 의한 논문형식일 뿐이며, 따라서 중국고전의 레퍼런스가 일차적인 대상으로 드러나지 않는다. 그에게 있어서 경학이란 한문이라는 언어수단을 사용하는 업보로 발생하는 기초어휘를 구성하는 것일 뿐이다. 경학이란 기초 보캐브러리일뿐이며 치학(治學)의 대상이 아니다. 혜강은 말한다:

나의 학문은 성경(聖經: 성인의 법칙)이 아니라 천경(天經: 자연의 법칙)이다!

「혜강최공전」은 다음과 같은 이야기를 우리들에게 들려주고 있다:

좋은 책이 있다는 소리를 들으면 아무리 비싼 값이라 할지라도 마다하지 않고 사들였다. 그리고 읽은지 오래되면 헐값에 내다 팔아버렸다. 이런 그의 습성때문에 나라안의 모든 책매매부로카들이 다투어 혜강에게 와서 책을 팔았다. 중국 북경의 서적가에 나온 신간서적치고 조선해동에 건너오게되면 건너오자마자 우선 혜강이 아니본것이 없었다. 어떤 자가 책을 구입하는데 돈이 많이 든다고 투정대면 혜강은 다음과 같이 말하는 것이었다: "가

령 이 책속의 사람이 나와 같은 시대에 살고 있는 사람이라면 나는 천리를 불문하고 반드시 찾아가야할 것이다. 그런데 나는 지금 아무 수고 안들이고 앉아서 그와 만날 수 있으니 책사는 것이 비록 돈이 많이 든다한들 식량을 싸들고 먼 여행을 떠나는 것보다야 더 낫지 않겠는가?"

聞有好書, 不吝厚價購之。閱旣久, 則輕價鬻之。以是國中書儈爭來求售, 燕都坊局新刊之書, 甫東來, 未有不爲惠岡所閱。或言求書費多者, 惠岡曰:「假令**此書中人**, 并世而居, 雖千里, 吾必往。今吾不勞而坐致之, 購書雖費, 不猶愈於齎糧而適遠乎!」

위의 문장에서 가장 문제가 되는 것은 **이 책 속의 사람**(此書中人)이다. 혜강이 만나고 있었던 이 책 속의 사람들은 이미 복희씨도 신농씨도, 공자도 맹자도, 주자도 퇴계도, 반계도 다산도 아니었다. 그가 만나고 있었던 사람들은 당시의 어두운 조선의 식자들은 꿈도 꾸지못할 저 서양의 과학자들이었다. 즉 윤리(倫理: 인간동아리의 이치)를 벗어난 물리(物理: 대상사물의 이치)의 발견자들이었다.

이런 의미에서 다산과 혜강은 비록 동시대를 살고 있었지만 그들이 구상하고 있었던 문명의 레퍼런스는 완전히 다른 것이었다. 따라서 같은 19세기에 살고 있었지만 다산과 혜강사이에는 개벽의 주축전환이라는 완전한 하나의 단절을 설정해야하는 것이다. 따라서 다산의 학문과 혜강의 학문은 푸코의 말을 빌리자면 "디스코스"가 다른 것이며 쿤의 말을 빌리자면 "패러다임"의 쉬프트가 일어난 것이다. 그리고 양자의 관계는 쿤의 말대로 불가공약적(不可共約的, incommensurable)인 것이다. 거기에는 근원적인 에피스팀(episteme)의 구조적 차이가 엄존하는 것이다. 따라서 혜강 최한기의 사상을 조선조 실학(實學)의 말류(末流)로서 처리하는, 즉 조선조 후기를 특색지우는 "실학"(實學)이라는 개념에 의하여 처리되는 흐름의 연속상에서 최한기의 사상을 이해하는 오류는 완전히 불식되어야하는 것이다. 실학(實學)이라는 개념자체가 조선조의 유생들의 이데올로기로서 그들의 의식체계에 선재하였던 실체가 아니라 단지 1930년대 "조선학"이라는 애매한 역사적 각성위에서 피어난 근대성규정에 의하여 날조된 개념일 뿐이라는 것, 다시 말해서 "조선조실학"이란 역사적 사실(historical fact)이 아니라 후대의 히스토리오그라피적인 규합개념(organizing concept)에 지나지 않는다는 사실을 지금이라도 각성하고 조선조의 사상가들을 무분별하게 "실학"이라는 카테고리에 의하여 도색질해버리는 무자비한 짓거리들이 불식되어야 한다는 것이다.[38] 분명히 말하여 두지만 최한기는 실학자가 아니다. 물론 동학(東學)도 실학이 아니다.

이건창은 혜강의 집안이 원래 돈이 있었다고 말하고 있다(家素裕). 그러나 이 "소유"(素裕)라는 말의 정체, 그 족보상의 실체를 규정하기란 그리 쉽지가 않다. 그러나 결코 혜강은 큰 부자는 아니었던 것 같다. 그가 책을 다시 판 것도 그리 넉넉하지 못한 사정과 관련되는 것으로 해석해야 할 것이다. 이건창은 말한다:

혜강은 서울서 책만사다 책값으로 집안재산을 다 탕진해 버렸다. 그래서 도성밖으로 이사를 나가야만 했다. 어느 친구가 아예 시골로 내려가 농사를 짓는 것이 어떻겠냐구 하니깐, 예끼 미친 소리 말게, 내 보고 듣는 바를 넓

---

38) 이 문제 역시 나의 『讀氣學說』에 상술되어 있으며, 『讀氣學說』은 조선사상사의 기술이 얼마나 부실한 인식론적 기초위에서 이루어져온 것이었나를 명료히 지적함으로써 사계의 후학들에게 새로운 경각(new awareness)을 불러일으켰다. 그리고 『독기학설』에 관하여 고종석 기자가 쓴 『한겨레신문』(1990년 8월 1일, 수요일, 제9면)의 기사는 매우 정확한 내용을 담고있는 훌륭한 기사임을 아울러 기록해둔다. 나는 아직까지 고종석기자를 만난 적은 없다. (1990. 9. 16.)

혜강 최한기와 유교

허주고 내 생각을 열게 해주는 것은 오로지 책밖엔 없을
진데, 아니 책사는데 서울보다 더 편한 곳이 있을랑가?
어찌 굶어죽을 걸 걱정하야 스스로 과문하고 고루한 세
상으로 걸어나갈 수 있겠나 하고 면박을 주었다.

然惠岡家亦以此旁落, 賣舊第, 僦居都門外。有勸惠岡
歸鄕治農事。惠岡曰:「此吾所欲也。然所欲有大於此
者, 博我聞見, 開我智慮, 惟群書是賴。求書之路, 莫便
於京。安可憚飢餓之苦, 而自就寡陋哉!」

혜강은 서울서 책만사다 망한 사나이다. 그리고 책사는 벽
때문에 끝내 서울을 떠나지 못하고 서울에서만 살다 죽었다.
그러나 혜강의 라이브러리는 바로 조선의 개벽의 젖줄이었던
것이다.

이건창의 전기는 혜강의 일생이 일찌기 자각적으로 과시
(科試)를 단념하고 오로지 새학문의 연마에만 평생을 전념했
음을 말해주고 있다. 그리고 당대의 재상들이 그를 자파의
이익을 위하여 벼슬길에 끌어들일려고 온갖 유혹의 손을 뻗
쳤어도 그는 끝내 작은 벼슬자리도 단 한번의 순간조차 타협
한 적이 없음을 말해주고 있다. 평생을 소인(素人)으로 살면
서도 산림(山林)의 처사(處士)로 한유(閑遊)하지 않고 도성한

복판에서 새문명의 젖줄로서 끊임없이 저술에만 전념한 인생이었음을 말해주고 있다. 그에겐 이미 조선조문명은 종언을 고한 문명이었으며 그 문명의 현실태와 타협한다는 것은 자신의 기학(氣學)의 지적 정직성(intellectual integrity)의 포기를 의미하는 것이었다.

기화지리(氣化之理)의 필연성에 대한 깊은 신뢰를 가지고 성급한 기대에 현혹되지 않고 잠시도 쉬지않고 노동하며 개벽의 새날을 준비하고 있었던 조선의 선비 혜강의 모습이야말로 아키히토나 고르비를 생각하기전에 우리가 지금 그려봐야 할 심상의 한 진실일 것이다.

여덟가름   야마노이 유우선생의 부음

지난 5월 30일 문뜩 내 마음속깊이 자리잡고 계셨던 은사, 야마노이 유우(山井湧, 1920~1990) 선생의 부음을 들었다. 나의 한학(漢學)수업의 적통은 야마노이선생으로부터 온다. 선생의 지도밑에서 나는 『오오센잔노 도오론王船山の動論』이라는 토오다이(東大)슈우론(修論)을 썼다. 나는 한문(漢文)의

세계가 정밀한 의미의 체계라는 것을 선생에게서 비로소 깨우쳤다. 서세(逝世)를 애도(哀悼)한다.39)

---

39) 나의 원고에는 이런 말이 적혀있다: 1990년 6월 11일 새벽 3시 57분 탈고, 오늘 10시에 있는 해부학 시험을 앞두고, 난 새벽 6시면 또 이리로 내려가야 한다. 서울 봉원재에서.

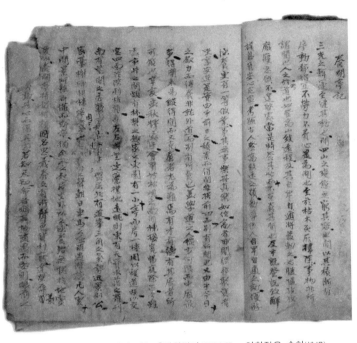

『혼결』속에 수록되어 있는 「양한정기養閒亭記」. 양한정은 송현(松峴) 상동(尙洞: 지금 한국은행 본점자리)에 있는 그의 저택이었는데 49세에서 63세까지 그가 머물렀던 곳이다. 그는 이곳에서 『지구전요地球典要』,『기학氣學』,『인정人政』,『운화측험運化測驗』을 썼다. 높은 산을 오를 때 치열한 등정을 거쳐 정상에 이르러 짐을 벗고 나서야 비로소 한가로움을 알 수 있다고 했다. "양한"이란 한가로움을 기른다는 뜻이나, 그의 생애의 치열한 여정을 암시하는 말이다.

【儒教와 앎】

이 글은 2003년 10월 31일 오후 3시부터 5시까지 영남대학교 인문관강당에서 강연한 내용이다. 영남대학교 인문과학연구소·국제동아시아사상연구회 공동주최로 "동아시아 유교와 근대의 앎"이라는 주제의 국제학술대회가 열렸는데 그 기조강연을 내가 맡았던 것이다. 나는 철학과의 최재목교수님, 중문과의 이장우교수님, 그리고 이상천총장님의 매우 친절한 영접을 받았다. 일본에서 나와 같이 공부하고 활동했던 학자들이 많이 참석했기에 나로서는 뜻깊은 자리였다. 나는 영남대학교를 처음 가보았는데 널찍한 캠퍼스는 참 인상적이었다. 그리고 강당에 운집한 학생들의 수강자세도 매우 훌륭한 것이었다. 지방대학의 지속적 발전은 우리나라 미래를 위하여 빼어놓을 수 없는 과제상황이라는 것을 다시 한번 강조해둔다.

유교와 앎

1. 인간의 앎은 크게 몸(Mom)에 관한 앎과 몸을 둘러싼 환경세계(Umwelt, Environment)의 앎으로 대분된다. 몸에 관한 앎으로서 우리는 의학이나 생물학, 인류학, 심리학 등을 들 수 있고, 환경세계에 관한 앎으로서 물리학 등의 여러 기초과학을 들 수 있다. 그러나 물리학은 환경세계에 관하여 물리(物理)만을 대상으로 삼으며 인리(人理)나 생리(生理)를 대상으로 삼지 않는다는 의미에서는 매우 제약적이다. 요즈음 인리(人理)는 인문학과 제반사회과학이 담당하며 생리(生理)는 생물학, 생리학, 생화학 등의 분과학문들이 담당하고 있다. 그러나 생명은 분명히 물리(物理)로부터 진화한 것이다. 생명의 기나긴 진화, 그리고 그 매카니즘은 물리(物理)와

차원을 달리하는 것일 수는 있으나, 그 진화의 원초적 바탕에는 분명 물리(物理)가 깔려있는 것이다. 물리(物理)와 생리(生理)는 상호의존적일 수밖에 없다. 그리고 물리(物理)와 인리(人理)도 상호의존적일 수밖에 없다. 물리(物理)와 인리(人理)·생리(生理)는 상통하는 것이다. 현대물리학은 생리(生理)로의 진입을 시도하고 있다.

몸과 세계는 궁극적으로 분리될 수 없다. 왜냐하면 세계를 구성하는 모든 존재는 몸을 지니고 있기 때문이다. 몸은 기(氣)의 사회(Society)이며, 세계는 기의 사회들의 사회이다. 따라서 몸에 대한 앎을 통하지 않고서는 세계를 알 수가 없으며, 세계에 대한 앎을 통하지 않고서는 몸을 다 알 수가 없다. 몸은 세계며, 세계는 몸이다. 우리가 논의하고자 하는 유교적 앎이란 바로 몸과 세계의 통합, 물리(物理)와 인리(人理)·생리(生理)의 융합이라고 하는 총체적 앎을 전제로 해서만 성립하는 것이다.

2. "근대적 앎"이란 대체적으로 서양의 역사패턴에서 규정한 바 "근대"라는 역사적 단계를 특징지우는, 그러니까 근대를 근대답게 만드는 인간의 지적 활동을 총칭하여 일컫는

것이다. 그것은 수량성, 계량성의 특징을 갖는다. 그러한 수량성, 계량성의 주체를 서양인들은 이성(Reason)이라고 불렀는데, 결국 근대적 앎은 근대적 이성주의(Rationalism)와 불가분의 관계를 가지고 있는 것이다. 이러한 이성주의적 앎이 대중적 인식체계로서 자리잡게 된 가장 큰 이유는 그 앎이 초래하는 보편성, 합리성, 편의성 때문이었다. 이러한 보편성, 합리성, 편의성은 또 다시 과학혁명, 산업혁명, 민주혁명, 그리고 자본주의 생산체제가 요구하는 근대인의 삶의 방식의 필요불가결한 전제였다.

3. 그런데 이러한 근대이성의 원형은 희랍인이 말하는 누우스(nous)였다. 플라톤사상에 있어서 누우스는 반드시 이데아(Idea)를 직관하는 능력과 관계된다. 이렇게 이데아, 즉 실재(實在)를 파악하는 앎을 플라톤은 에피스테메(epistēmē)라고 불렀으며 감각적 지각(aisthēsis)에 의하여 성립하는 판단, 즉 독사(doxa)와 구분하였다. 이러한 에피스테메와 독사의 구분은 가사세계(可思世界, cosmos noetos)와 가시세계(可視世界, cosmos horatos)의 이원론을 초래시켰고, 본체(noumena)와 현상(phenomena)의 건널 수 없는 홍구(鴻溝)를 만들었다. 그

리고 이러한 플라토니즘은 로마세계가 기독교화되면서부터 초월주의적, 종교적 이원론사유의 배경철학으로 변질되어 갔다. 그리고 근대에 있어서 그것은 신의 질서와 자연의 질서의 대립적 긴장관계로 나타냈다.

그러나 플라톤이 이러한 인식(epistēmē)과 의견(doxa)의 이원론적 틀을 만든 이유는 결코 현상과 본체의 이원적 분리나, 본체의 현상에 대한 초월을 말하려 한 것이 아니다.『폴리테이아』(*Politeia*)의 원문을 한번이라도 정독해본 사람은, 제7권의 "동굴의 비유"를 포함한 일체의 이데아론이 오로지 이상국가의 수호자(phylax)의 교육이라는 맥락에서 논의되고 있다는 명백한 사실을 발견하게 될 것이다. 다시 말해서 플라톤의 인식론은 절대적이고도 초월적인 앎을 그 자체로서 추구하려는 것이 아니라, 수호자의 덕성(aretē)을 함양키 위한 수단으로서 제기된 것이다. 플라톤에 있어서 인식론은 실천론과 분리될 수 없으며, 그의 실천론은 오로지 아름다운 나라의 건설에 있다. 그의 이상국가는 아름다운 폴리스, 즉 칼리폴리스(kallipolis)다. 아름다운 폴리스는 정의로운 폴리스다.『폴리테이아』전편을 흐르는 주제는 "정의"(to dikaion) 그 한마디인 것이다.

이데아라는 것은 초월적 존재라기보다는, 궁극적으로 인간의 행위(praxis)의 본(paradeigma)이다. 수호자가 감각적 의견에 너무 이끌리게 되면 수호자로서 통치의 기술을 발휘할 수가 없게 된다. 감각적인 사물들을 그 사물들이게끔 하는 본 그 자체를 정신(nous)으로 직시할 필요가 있다는 것이다. 아름다운 것들이 아닌 아름다움 그 자체(auto to kalon)를 인식할 수 있는 자들만이 지혜를 사랑하는 사람이 될 수 있으며, 따라서 나라를 다스릴 수 있는 사람이 될 수 있는 것이다.

4. 오르피즘(Orphism)계열의 신화에서 유래되었다는 "동굴의 신화"도 그 신화가 소기하는 목적은 동굴 밖 광명세계의 진실에로의 초탈에 있는 것이 아니다. 어떻게 하면 광명의 세계, 즉 선의 이데아를 파악한 자가 동굴안으로 돌아와 동굴벽의 그림자만을 진실로 알고있는 죄수들을 독사(doxa)로부터 해방시킬 수 있는가 하는 매우 실천적인 보살행에 그 궁극적 목적이 있는 것이다. 플라톤의 관심은 초월이 아니라 현실의 개벽이며, 정의로운 사회의 실현이다. 그가 말하는 정의는 모든 사람들이 각자의 본분에 주어진 일들을 잘 수행하는 능력과 관련되며, 그 각자의 영역이 서로 침범됨이 없이 조화를 이루는 상태를 말하는 것이다. 다시 말해서 플라톤의 앎

(epistēmē)은 덕(aretē)과 관련되며, 덕이란 모든 일을 훌륭히 수행해내는 탁월함(excellence)이다. 눈은 보는 기능(ergon)을 잘 수행해낼 때만이 탁월한 것이다. 그 탁월성이 곧 눈의 덕이요, 아레떼(aretē)인 것이다. 우리의 본래적 용법에 있어서도, 선(善)이란 "잘 선"이라 훈(訓)되는 것이다. 동양철학에서 말하는 선(善)에 관한 모든 논의가 "잘"이라는 의미맥락을 한치도 벗어나지 않는다. 선은 잘이요, 잘은 선이다. 선이란 그 상황상황에서 "잘 해냄"이란, 즉 기능적으로 원활히 움직이는 것을 의미하는 것이다.

5. 플라톤에 있어서 좋음(to agathon)은 적도(適度, to metrion)와 균형(to symmetron)이다. 좋음의 이데아에 대한 앎은 궁극적으로 이 적도를 창출하는 인간의 행위로 구현되어야 한다. 적도(適度)가 인간의 행위와 관련될 때, 이를 특히 중용(to meson)이라 일컫는다. 그의 이상국가는 결국 중용이 실현되는 사회이다. 플라톤의 모든 앎에 대한 논의는 궁극적으로 절제(sōphrosynē)와 관련되어 있다. 절제는 질서이며, 결국 쾌락과 욕망의 억제이다(『폴리테이아』 430e). 그것은 좋은 부분이 좋지 못한 부분을 제압하는 상태이다. 정의

로움이란 절제로써만 가능한 것이며, 플라톤이 말하는 아름다운 나라, 정의로운 나라는 결국 절제가 한마음(homonoia)으로 실현되는 나라이다. 『중용中庸』에서 말하는 "중"(中)이란, 희노애락(喜怒哀樂)의 미발(未發)이다. 그리고 "화"(和)란 발(發)하여 모두 중절(中節)하는 것이다. 중(中)이란 천하(天下)의 대본(大本)이요, 화(和)란 천하(天下)의 달도(達道)라 했다. 결국 플라톤의 에피스테메나 유교의 앎이 세계에 대한 수량적 인식에 있는 것이 아니라 결국 인간의 감정의 절제와 조화에 있다는 것이 명백해진다.

6. 우리의 앎에 대한 사고는 너무 지나치게 과학(Wissenschaft, science)이라고 하는 유령에 짓눌려 있다. 과학도 결국 비쎈(wissen)이요, 스키엔티아(scientia)다. 이 모든 것이 단순한 앎으로부터 출발하는 것이다. 희랍인들은 인간의 앎을 지배하는 논리의 법칙을 발견했고, 그 법칙에 따라 체험에 주어지는 세계를 일관되게 그리고 도식적으로 설명할 수 있는 놀라운 비밀을 발견했다. 그리고 수학이라는 추상적 형식을 발전시켰다. 이러한 연역의 법칙은 근세에 와서 경험적 귀납의 사실을 중시하는 개별과학과 결합함으로써 지고의 권

위를 획득했다. 그리고 연역적 사변의 과학(science)과 일상적 삶의 도구적 발전이었던 기술(technology)이 융합되면서 "과학-기술"은 인간의 삶과 환경을 개변시키는 절대적인 주체로서의 권위를 부여받았다.

그러나 이 모든 눈부신 발전에도 불구하고 과학은 어디까지나 인간의 앎이며, 인간의 앎은 인간이 잘산다(to live well), 더 잘산다(to live better)는 문제와의 관련을 떠날 수 없는 것이다. 서양역사에 있어서 과학적 앎에 관한 객관성(objectivity)의 신화는, 과학이 신학(theology)과의 대립과정에서 주도권을 획득했기 때문에 반사적으로 성립한 것이다. 과학에 대해 아무런 반감을 가지고 있지 않은 유교문화권에서는 과학의 객관성의 신화는 아무런 의미맥락을 갖지 못한다. 과학적 앎도 제아무리 절대적 객관성이나 독자적 영역을 주장한다 해도 그것은 결국 인간의 삶이라는 간주관(間主觀)적 보편성 속의 사건일 뿐이다. 과학적 이성이 밝혀 놓는 모든 법칙도 인간의 삶이 없이는 무의미한 것이다. 앎은 삶에 귀속되는 것이다.

콩쯔(孔子)는 시(詩)를 말하면서, 그것으로써 흥(興)할 수 있으며, 관(觀)할 수 있고, 군(群)할 수 있으며, 원(怨)할 수 있다 했다. 그러면서도 조수초목(鳥獸草木)을 다식(多識)케

혜강 최한기와 유교

한다고 했다. 시(詩)로서 감정을 일으키고 사물을 살피며, 군집생활의 방편을 삼으며 한을 풀 수 있다 했다. 사회생활을 하는 감정소통의 방편으로서의 시(詩)를 생각하는 동시에 그는 그것을 통하여 자연의 세계를 이해할 수 있다고 했다. 고도의 연역적 논리법칙의 영역에 있어서 동양문명이 서양문명에 비해 별로 공헌한 바가 없는 것은 사실이지만, 『묵경墨經』의 언어를 살펴보면 그러한 노력이 근원적으로 부재했던 것은 아니다. 단지 언어의 효용가치를 그러한 논리적 일관성이나 추상적 형식성에 두지 않았을 뿐이다. 콩쯔에게 있어서 시(詩)는 과학(科學)이었고 과학(科學)은 시(詩)였다. 우리가 지금 진실로 논구해야 할 것은 오직 무엇이 과연 잘사는 것이냐 하는 문제일 뿐이다.

7. 콩쯔가 주어진 체제를 존속시키려했는가 개혁하려했는가, 따라서 그는 보수인가 진보인가, 하는 문제는 상황설정과 그 설정된 상황의 해석에 따라 가변적이기 때문에 일괄적으로 단언할 수는 없다. 지스(季氏)의 사정(私庭)에서 팔일무(八佾舞)를 춘 것을 강렬히 비판하는 그의 언사를 패도(霸道)를 추구하는 시대의 흐름을 파악치못한 보수세력의 옹고집이라

고 말할 수도 있지만, 그의 궁극적 관심이 삼환(三桓)의 제거에 있었다면(노나라를 떠남去魯의 원인이었다), 그는 제후국 내의 또 하나의 봉건질서에 대한 근원적 개혁을 시도한 인물이었을 것이다. 그 개혁을 반드시 시대의 흐름에 역행하는 것이었다고 볼 수는 없다. "사오정마오(少正卯)주살"의 설화도 이러한 강력한 체제개혁의지와 관련하여 해석되는 것이다.

그러나 콩쯔는 주대(周代)의 봉건(封建)질서를 하나의 이상향으로 생각했다. 그가 생각한 봉건(封建)질서의 정확한 실상을 헤아리기는 어려우나 그가 자신의 정치적 입장을 저우꽁(周公) 딴(旦)의 역할과 동일시했다는 것은 확실하다. 지금 역사적인 저우꽁 딴의 세계관을 우리가 구성해내기는 어렵다. 그러나 저우꽁 딴의 역할이 새로운 주(周)나라의 봉건질서를 정치적 권좌의 현역이 아닌 문화적으로 영향력있는 어떤 포지션으로부터 건설하려 했다는 것은 확실하다. 그리고 그러한 봉건질서는 천자(天子), 제후(諸侯), 대부(大夫), 사(士), 서인(庶人)의 일정한 하이어라키를 전제로 한 것이었다. 그러나 콩쯔 자신은 대부(大夫)의 위치에 올라간 적이 없다. 그의 대사구(大司寇)라는 직책도 사(士)의 신분이며 대부(大夫)의 신분이 아니다. 대부(大夫)는 식읍(食邑)을 분봉받는다. 그러나 사(士)는 봉토를 소유하지 않는 일반관료다. 콩쯔는 인류사에 있어서 이 사(士)라는 어떤 계층의 아이덴티티를 형성하는 데 창조적인 역할을 수행하였다. 콩쯔는 사(士)로 살고 사(士)로 죽은 것이다.

8. 사(士)란 무엇인가? 역사학에서 말하는 이 사계층에 대한 전문술어적 논쟁에 우리는 지금 세세한 메스를 가할 수 있는 여유가 없다. 대체적으로 사는 천자·제후·대부와는 확실히 구분되는 계층이지만 신분적으로, 세습적으로 고정된 계층이 아니다. 그리고 서인(庶人)과 확실한 법적 구분을 가지고 있지도 않다. 『논어論語』의 용례에 있어서 인(人)과 민(民)은 다르다. 인(人)은 대체로 성내(城內)의 국인(國人)이며, 민(民)은 성외(城外)의 야민(野民)이다. 사(士)는 대체로 성내(城內)의 국인(國人)과 그 외연이 일치되는 그 무엇이다. "사민"(士民)이라는 표현에서 사(士)는 무사(武士)를 의미하며, 민(民)은 그 무사(武士)를 지원하는 성외(城外)의 농민들이다. 그런데 당대에는 문(文)·무(武)가 통합되어 있었으므로 사(士)는 평시에는 문사(文士)요 전시에는 무사(武士)였다.

9. 콩쯔의 앎은 사(士)의 앎이다. 플라톤의 앎(epistēmē)은

수호자 즉 통치자의 앎이었다. 그러니까 플라톤은 천자·제후·대부의 앎을 그의 인식론의 주테마로 삼은 셈이다. 그러나 콩쯔는 플라톤처럼 애지(愛知)의 통치자, 즉 철인왕(哲人王)을 자기철학의 지고의 목표로 삼지 않았다. "내성외왕"(內聖外王)도 주앙쯔(莊子)의 레토릭이며 콩쯔의 이상은 아니다. 콩쯔는 군주(君主)의 미덕을 자주 말하였지만, 그가 말하는 군주의 미덕이란 오로지 사(士)의 역할과의 역동적 관계에서 규정되는 것이다. 그리고 플라톤에 있어서 민(民)은 종국적인 다수가 아니다. 플라톤 이상국가의 민(民)의 저변에는 또 다시 광범위한 노예가 전제되어 있다. 그러나 콩쯔는 노예계층을 전제로 하지 않는다. 그에게 있어서 인민(人民)이란 종국적인 것이다. 인(人)과 민(民)이 모두 인간의 궁극적 가치를 소유하는 도덕의 주체다. 플라톤의 이상국가에는 수호자(phylax), 보조자(epikouroi), 다중(hoi polloi)의 세 계층이 있다. 콩쯔가 생각하는 세계에도 지배자(王·公·卿)와 사(士)와 민(民)의 세 계층이 있다. 콩쯔의 사(士)가 지배자와 민(民)의 중간자적 성격을 지니고 있다는 의미에서는 플라톤이 말하는 보조자계층과 상통한다. 플라톤은 수호자와 다중(민중)에 대해 관심을 기울이지만 보조자에 대해서는 크나큰 관심을 주지않는다. 플라톤이 말하는 보조자 역시 문사(文士)·

무사(武士)를 통칭하는 것임으로 콩쯔의 사(士)와 상통하는 개념이다. 그러나 콩쯔는 사의 앎, 사의 에토스, 사의 성격규정에 전생애를 걸었다. 콩쯔의 생애는 사의 전범을 제시하였고, 콩쯔의 생애를 통해 우리는 비로소 참다운 사를 말할 수 있게된 것이다.

10. 인간은 군집동물이다. 유인원인 원숭이나 고릴라의 생태를 보아도 알 수 있듯이 인간은 분명 군집 속에서 자기의 존속을 꾀한다. 인간은 고존(孤存)할 수 없다. 아리스토텔레스의 말대로 인간이 사회적 동물이라고 한다면 모든 사회는 조직이나 질서가 없을 수 없다. 그러나 인간세의 모든 조직은 하이어라키(hierarchy)가 없을 수 없다. 콩쯔는 이러한 위계질서를 부정하지 않는다. 사회주의가 말하는 "계급없는 사회"(classless society)란 실현될 수 없는 망상에 불과한 것이다. 콩쯔의 앎은 이러한 위계질서 속에서의 인간의 역할, 기능, 삶의 이상과 관련되어 있다. "사"(士)란 오늘 말로 옮기면 모든 뷰로크라시에 속하는 "샐러리 맨"이다. 사기업에 취직하든, 관공소에 취직을 하든, 군대에 취직을 하든 샐러리를 받는 모든 사람이 사다. 사가 모두 샐러리맨은 아니지만, 사

회조직 속의 샐러리맨은 모두 사라고 부를 수 있다. 여기서 "샐러리"란 "녹"(祿)이다. 콩쯔의 제자집단은, 옌후에이(顔回)와 같은 순수 학구파나, 쯔꽁(子貢)과 같은 순수 상인도 있었지만, 그외의 대부분이 녹(祿)을 받는 사(士)였다. 쯔루(子路)를 위시하여 르안치우(冉求), 쯔시아(子夏), 짜이워(宰我), 종꿍(仲弓), 쯔여우(子游), 쯔까오(子羔), … 이 모든 사람들이 여러 조직에 들락거린 샐러리맨들이었다. 콩쯔는 이들과 같이 생활하면서 이들의 윤리적 자세를 문제삼았다.

11. 오늘날 우리가 살고 있는 사회는 샐러리맨의 시대요, 사(士)의 시대다. 도시화가 진행되면 될수록 농민과 같은 일차적인 자영생산자의 비율은 축소되고 조직에서 녹(祿)을 받는 자의 비율은 확대된다. 즉 사(士)가 다수가 되어버린 시대에 우리는 살고 있는 것이다. 콩쯔는 민(民)의 궁극적 존엄을 말하지만 민(民)의 무차별한 평등을 말하지 않는다. 콩쯔가 말하는 인간은 사회조직 속의 인간이다. 그 인간은 위계질서를 전제로 하지 않을 수 없는 인간이다. 이 인간에게는 오로지 정명(正名)이 있을 뿐이다. 그 위계질서에 합당한 명분이 있는 것이다.

12. 인간세를 다스리는 힘에는 재력, 폭력, 매력이 있다. 재력은 부국(富國)을 말함이요, 폭력은 강병(强兵)을 말함이다. 콩쯔(孔子)는 사회조직의 일차적 건강의 기준을 부국이나 강병에 두질 않았다. 콩쯔가 말하는 것은 재력도 아니고 폭력도 아닌 매력이다. 인간이 어떻게 인간에게 매력이 있을 수 있는가? 모든 인간이 자신의 포스트의 명분을 지키면서 어떻게 서로에게 매력을 지닐 수 있는가? 이런 문제의식이 결국 콩쯔의 인(仁)이라는 테마로 집약된 것이다.

13. 환츠(樊遲)가 콩쯔에게 "앎"(知)을 물었다. 이에 대한 콩쯔의 대답은 매우 단순했다: "앎이란 곧 사람을 아는 것이다."(子曰: "知人。"「顔淵」22). 유교의 앎은 물리(物理)보다는 인리(人理)를 추구한 앎이었다. 그러한 인간세의 도덕적·실천적 관심 때문에 물리(物理)를 발전시키지 못했을지 모르나, 문명건설에 필요한 테크네(technē), 즉 기술의 측면에 있어서 중국문명은 르네쌍스시기까지만 해도 세계문명사에서 우열을 논하기 어려운 최고의 수준을 과시했다. 유교는 물리(物理)를 인리(人理)에 귀속시켰다. 인간의 앎은 인간을 아는 것이다. 인간을 안다는 것은 인간을 인간답게 만드는 것을

안다는 것이다. 인간의 인간다움이 곧 인(仁)이라 말할 수 있겠으나, 그 인에는 인성의 보편적 선이 전제되어 있다. "성상근(性相近), 습상원(習相遠)"이라 한 것이 그것이다.

14. 유교에는 성악(性惡)이 없다. 성오(性惡)를 말했을 뿐이다. 쉰쯔(荀子)의 성오(性惡)도 멍쯔(孟子)의 성선(性善)을 부정하는 언사가 아니다. 다시 말해서 유교는 선과 악을 실체로서 말한 적이 없다. 라오쯔(老子)도 선(善)에 대해서 불선(不善)을 말했을 뿐이며, 오(惡)는 미(美)의 상대어일 뿐이다. 오(惡)란 악이 아니며, 추함이다. 추함은 심미적 가치며 윤리적 실체가 아니다. 추하거나 못생겼다고 해서 악한 것은 아니다. 선(善)과 불선(不善)이란 "잘함"과 "잘못함"일 뿐이다. 그것은 서양기독교에서 말하는 선도 아니요 악도 아니다. 20세기의 이모티비즘(Emotivism)을 들먹이지 않더라도, 이미 유교에서는 도덕적 실체는 모두 심미적 가치로 환원되는 것이며 감정적 상태로 귀속되는 것이다. 선과 악은 모두 미와 추로, 잘함과 잘못함으로 환원되는 것이다. 그것은 명사적 실체가 아니며 형용사적·부사적 상태일 뿐이다. 그것은 인간의 호오(好惡)라고 하는 감정의 상태와 관련되는 것이다. (美

者, 人心之所進樂也; 惡者, 人心之所惡疾也。美惡, 猶喜怒也。
『老子』二章, 王弼注.) 멍쯔(孟子)는 인간이 태어나면서 "잘"할
수 있는 바탕을 가지고 있음을 강조한 것이다. 쉰쯔(荀子)는
인간이 태어나면서 "잘못"할 수 있는 성향을 가지고 있음을
말한 것뿐이다. 쉰쯔의 "잘못함"은 욕(欲)의 측면을 강조한
것이다. 쉰쯔가 말하는 "성위지분"(性僞之分)은 후천적 작위
(作爲=僞)의 중요성을 강조하는 데 그 소이연이 있다. 그에
게 있어서 작위(作爲)란 예의(禮義)다. 그러나 위(僞)를 통하
여 성(性)을 바르게 한다고 할 때의 그 성(性)은 멍쯔가 말하
는 성(性)과 외연이 다르다. 위(僞)를 통하여 성(性)을 바르게
한다는 것은 이미 선한 본성을 전제로 하는 것이다. 멍·쉰
(孟荀)이 각기 성(性)의 다른 측면을 말한 것일 뿐이요, 선
(善)함 그 자체도 선천적인 능력으로서 실체화될 수는 없는
것이다. 선(善)이란 잘 할 수 있는 상태이며, 오(惡)란 혐오스
러운 일을 할 수도 있는 상태를 가리키는 것이다. 혐오스러
운 일을 하는 인간을 어떻게 혐오스럽지 않게 만드는가, 그
것이 쉰쯔의 문제의식일 뿐이다. 그는 "적위"(積僞), 즉 후천
적·제도적 교육을 강조했을 뿐이다. 서양의 대부분의 주요
개념적 언어가 실체화의 오류를 범하고 있는데, 그러한 방식
으로 한문고전을 읽어서는 안된다.

15. 기독교가 약한 자·가난한 자의 편에 서서 강한 자·부유한 자의 위선을 깨우친 시대가 있는가 하면, 강한 자·부유한 자의 편에 서서 약한 자·가난한 자의 회개와 구원을 외치는 때도 있다. 마찬가지로 유교도 핍박받는 민중의 입장에서 군주의 폭력에 저항하는 때가 있는가 하면, 지배자의 통치도구로서 민중의 순종을 강요하는 때도 있다. 『효경孝經』은 위압적 국가종교(state religion)로서의 유교의 산물이라 할 수 있다. 멍쯔는 군(君)의 변치(變置)만을 이야기하는 것이 아니라, 사직(社稷)의 변치(變置)까지 이야기했다. 이는 곧 민(民)은 변치(變置)할 수 없는 궁극적 존재라는 뜻이다. 대체적으로 유교의 역사는 시대적인 성격의 변화와 무관하게, 민(民)의 보편적 존엄성을 말한다. 콩쯔도 "유교무류"(有敎無類)라 했듯이 인간의 보편적이고도 궁극적인 존엄성을 말했다. 이러한 인간의 보편주의, 즉 휴매니즘(humanism)이 『논어』·『맹자』로부터 확립되지 않았더라면 오늘날 유교는 일언의 가치도 지니지 않을 것이다.

16. 환츠(樊遲)가 앎에 대해 물었다(「雍也」20). 콩쯔는 대답한다: "무민지의(務民之義), 경귀신이원지(敬鬼神而遠之), 가

위지의(可謂知矣)ㅇ"(백성의 의로움을 힘쓰고, 귀신을 공경하되 멀리한다면, "안다"고 할 수 있다.) 여기 유교적 앎의 대단히 중요한 측면이 노출되고 있다. 유교는 종교를 부정하지 않는다. 그러나 종교적 세계는 공경할 수는 있을지언정 인간으로서 가까이 해서는 아니 될 경계라는 것이다. 귀신(鬼神)이란 인간의 상식적 감성과 이성을 초월하는 존재이다. 서구로 진출한 대부분의 중동의 종교는 유일신론이든지 다신론이든지를 막론하고 결국 귀신을 숭배하는 종교인 것이다. 귀신을 거부하는 무신론적 불교까지도 그 배면에는 귀신의 존재성에 대한 초월적 인식이 깔려있다. 그러나 유교는 인간이 진정 "안다"고 한다면 귀신의 세계에 대해서는 불가지론적(不可知論的) 태도를 견지할 수밖에 없다고 주장한다. 핑가렛 (Herbert Fingarette)은 지나치게 역설적으로 콩쯔의 종교적 성향을 부각시켰다. 그러나 콩쯔에게 있어서 귀신의 세계는 긍정·부정의 대상이 아니라, "관심의 밖"이었다.

환츠가 지(知)를 물은데 대해, 콩쯔는 왜 귀신의 경이원지 (敬而遠之)를 말하기 전에 무민지의(務民之義)를 말했을까? 무민지의(務民之義)를 경귀신이원지(敬鬼神而遠之) 앞에 선치한 이유는 무엇일까? 분명 환츠의 문지(問知)에 대한 콩쯔의 대답의 본론은 귀신의 경이원지에 있었다. 그러나 그러한 본론의 주장에 앞서 무민지의를 언급한 의도는 본론의 주장의 선결조건을 밝히고자 했던 것이다. 그것은 곧 인간의 종교에 대한 열망은 궁극적으로 사람이 사람으로서 마땅한 바(民之義)를 힘쓰는 것으로써 대치될 수 있다는 강력한 세속적 신념을 표현한 것이다. 즉 사람이 사람으로서 마땅한 바(義)를 힘쓰는 것만으로도 귀신의 경이원지가 가능해진다는 것이다. 여기에 귀신(鬼神)과 민지의(民之義)가 인간의 삶에 있어서 역동적 긴장관계를 가지고 나타난다. 여기서의 "민"(民)은 사회적 인간이다. 나 홀로의 단주관적(斷主觀的) 존재가 아닌, 같이 더불어 사는 간주관적(間主觀的) 존재이다. 사(士)로서 정말 "아는" 자라면 민지의(民之義)라는 사회적 실천에 힘써야 할 것이며 귀신(鬼神)의 세계는 관심밖으로 추방시켜야 할 것이다. 이러한 논리는 지루(季路)의 사귀신(事鬼神)에 대한 물음에 대하여 "미능사인(未能事人), 언능사귀(焉能事鬼)?"라 한 것이나, 문사(問死)에 대하여 "미지생(未知生), 언지사(焉知死)?"라 한 것과 그 구조를 같이 하는 것이다.

17. 유교가 종교냐 종교가 아니냐는 식의 논의는 참으로 유치하고 어리석은 것이다. 이러한 논의에 있어서는 종교 그

자체에 대한 규정이 논외로 빠져있기 때문이다. 중동문명권에서 성립한 유일신론적 제형태를 중심으로 종교를 규정하는 일체의 논의가 근원적으로 유교의 성격규명에는 무의미한 것이다. 유교는 종교일 수도 있고 종교가 아닐 수도 있다. 그러나 우리가 더 깊이 생각해야 할 것은 신의 존재를 전혀 상정하지 않더라도 종교와 신학은 가능하다는 것이다.

서양의 역사는 결국 과학적 앎과 종교적 앎의 대립의 역사며, 합리적 앎과 비합리적 앎의 대립의 역사다. 그러나 유교적 전통에 있어서는 이러한 대립이 근원적으로 무의미하다. 그리고 우리가 확실히 해야할 것은 유일신관을 근사하게 해석하려는 모든 신학적 노력이 근원적으로 인성의 진보를 꾀하지 못하는 레토릭의 낭비일 뿐이라는 것이다. 모든 종교는 인간의 무지와 몽매에서 비롯된 미신을 그 저변에 깔고 있다. 이러한 미신을 어떠한 근사한 언어로 수식해도 그 미신성은 탈피될 수가 없다. 종교에 관한 최선의 방책은 그냥 종교를 버리는 것이다. 종교로부터 인간이 멀어질 수 있는 적극적 인성의 동기를 찾아내야 하는 것이다. 경이원지(敬而遠之)란 구구한 해석이 필요없는 그냥 "종교의 버림"이다. 유교적 앎은 종교를 버려야 하는 것이다. 서양에서는 21세기에서나 가능해진 인류의 테마를 콩쯔는 이미 기원전 5·6세기에 상술한 것이다. 그는

2500여년을 앞서 태어난 콘템포러리 맨이었다. 세계 4대성인으로서 소크라테스·예수·싯달타·콩쯔를 꼽는다면 탈신화적 개인은 오직 콩쯔뿐이다. 소크라테스·예수·싯달타는 모두 동류의 뮈토스(mythos) 속에 갇혀 있다.

18. 우리가 지금 이렇게 강렬하게 "종교의 버림"을 말하는 이유는 현금 인류를 괴롭히는 모든 전쟁의 씨앗이 종교적 독선과 무지와 편견과 오만으로부터 뿌려지고 있기 때문이다. 이슬람과 유대교, 그리고 기독교, 이 모든 유일신관의 주장이 동일한 뿌리의 편견에 사로잡혀 서로를 부정함으로써 서로를 조장하고 있는 것이다. 세계평화는 이들의 무지의 굿판의 돼지머리가 되고 있는 것이다. 종교의 해석의 어떠한 종말도 결국은 테러로 귀결된다. 종교는 버려야 한다. 진정한 앎은 종교를 경이원지(敬而遠之)하는 데서 출발하는 것이다.

19. 콩쯔가 쯔루에게 앎에 대한 가르침을 자청하였다(「爲政」17). 그리고 말한다: "지지위지지(知之爲知之), 부지위부지(不知爲不知), 시지야(是知也)。"(아는 것을 안다 하고, 모르

는 것을 모른다 하는 것, 이것이 곧 아는 것이다.) 여기 유교적 앎의 한 결정적 측면이 드러나고 있다. 기실 이것은 쯔루라는 인간과 콩쯔라는 인간 사이의 애틋한 우정에서 비롯된 일상적 가르침의 언사일 수도 있고, 쯔루라는 인간이 아는 체를 잘하는 우직한 성격의 소유자라는 사실에서 비롯된 억하(抑下)의 충언일 수도 있다. 그러나 여기서 우리가 더 주목해야 할 것은, 아는 것을 안다고 하는 측면이 아니라 모르는 것을 모른다고 하는 측면이다. 앎과 모름의 경계를 분명히 하는 것이 진정한 앎이라고 할 때, 그 경계를 분명히 하는 기준은 앎보다는 모름에서 더 선명하게 주어진다는 것이다. 모르는 것을 모른다고 할 때만이, 아는 것이 아는 것으로서 선명하게 드러나는 것이다. 인간의 앎은 항상 모름과의 역동적 긴장관계에 있다. 모름이 있음으로써 비로소 앎이 있게되는 것이다. 앎의 궁극적 소이연은 모름을 아는 것이다. 모름에 대한 예찬이야말로 유교적 앎의 특성을 이루는 것이다. 이것은 경이원지(敬而遠之)와 맥락을 같이 하는 유교의 불가지론(不可知論)적 태도(agnostic attitude)인 것이다. 이러한 태도가 유교적 앎을 형이상학적 독단(metaphysical dogma)으로부터 해방시켰다. 서양의 형이상학이나 종교적 논쟁은 너무도 모르는 것을 아는 것으로 무리하게 환원시키려는 데서 기인

하는 것이다. 모르는 것이 모르는 것으로 침묵할 때만이 앎은 개방될 수 있는 것이다. 비트겐슈타인은 말한다: "말할 수 없는 것에 관해서는 침묵할지어다." 유교적 앎은 형이상학의 독단을 거부하며 종교의 맹신에 빠지지 않는다. 그리고 그것은 항상 개방되어 있다. 그래서 과학과 충돌을 일으키지 않는다. 모름을 전제로 하는 앎만을 변증법적으로 시인하기 때문이다.

20. 매우 해석하기 어려운 경구이지만, 콩쯔는 아는 자(知者)는 요수(樂水)하고 어진 자(仁者)는 요산(樂山)한다 했다. 그리고 연이어 아는 자는 동(動)하고 어진 자는 정(靜)하다 했다. 이 메타포에서 유비할 수 있는 것은 수(水)는 동(動)의 상징이요, 산(山)은 정(靜)의 상징이라는 것이다. 즉 여기서 우리가 알 수 있는 것은 앎이란 우뚝 서있는 산(山)과 같지 않고, 흐르는 물과 같이 유동적이라는 것이다. 우리의 앎은 앎과 모름의 사이를 끊임없이 흘러가는 냇물과도 같은 것이다. 그래서 다이내믹하고 그래서 오픈한 것이다. 인간의 앎은 영원히 열린 지평(open horizon) 위에 있는 것이다.

21. 콩쯔는 송(宋)나라 사람이다. 그런데 그는 노(魯)에서 성장하였다. 콩쯔에게서 송(宋)과 노(魯)라는 전승은 은(殷)과 주(周)를 상징하는 것이다. 그에게 있어서 은(殷)은 죽음의 가치요, 주(周)는 삶의 가치다. 은(殷)은 귀신의 세계요, 주(周)는 인문의 세계다. 그는 어머니 옌스뉘(顔氏女)로부터 무속(巫俗)의 예악(禮樂)을 물려받았다. 그리고 그를 중심으로 모여든 사람들은 변경의 야인(野人)이며 도(盜)였다. 콩쯔의 생애는 도(盜)를 사(士)로 전환시킨 삶이며, 무속(巫俗)의 예악(禮樂)을 치세(治世)의 도덕(道德)으로 승화시킨 일생이었다. 그리고 콩쯔는 구전의 전승을 철저히 문자의 적통으로 변환시켰다. 이러한 모든 전환의 핵심은 호학(好學), 이 한마디였다. 유교의 앎이란 끊임없는 배움이다. "열 가호쯤 되는 조그만 마을에도 반드시 나와 같이 충직하고 신의있는 사람은 있을 것이다. 그러나 나만큼 배우기를 좋아하는 사람은 없을 것이다"(不如丘之好學也。「公冶長」27).

22. 호학(好學)은 호문(好問)이다. 배움이란 물음이다. 물음이란 모름을 전제로 하는 것이다. 콩쯔가 태묘(大廟)에 들어가 제사가 진행됨에 매사를 물었다. 어떤 이가 비아냥거

리며 말했다: "그 누가 저 추인(鄹人)의 자식을 예를 안다 하는가? 태묘까지 들어와 매사를 묻다니!" 콩쯔는 이 말을 듣고 말했다: "묻는 것이 곧 예(禮)니라"(「八佾」15). 예(禮)라는 것은 사회적 질서(social order)다. 그러나 그 예는 결코 고정적으로 결정되어 있는 실체가 아니다. 인간의 끊임없는 물음 속에서 상황적으로, 역동적으로 형성되어 가는 것이다. 따라서 유교적 앎은 모든 독단에 대해 개방되어 있다. 모든 이데올로기 앞에 열려있는 것이다. 유교는 인류역사에 있어서 어느 종교나 이념과도 깊은 마찰을 일으키지 않는다. 유교는 모든 다름을 예찬하고 설득시킬 수 있어야 한다.

23. 유교적 앎의 또 하나의 측면은 예술성이다. 유교의 앎은 과학적 앎인 동시에 예술적 앎이다. 그것은 근원적으로 인간의 인(仁)함에서 발출되는 것이기 때문이다. 인(仁)함은 불인(不仁)의 반대이다. 불인(不仁)이란 무감각이다. 마취를 나타내는 서양말이 "anesthesia"인데, 그 반대말이 아름다움의 연구, 미학의 뜻을 나타내는 "esthetics"라는 것은 우리에게 많은 것을 시사해준다. 인(仁)이란 곧 인간의 심미적 감수

성(Aesthetic Sensitivity)이다. 인(仁)이란 "아픔을 감지하는 마음"이다. "차마 어찌할 수 없는 감정"이다. 앎은 이러한 심미적 감성으로부터 출발할 때만이 진정으로 도덕적일 수 있는 것이다.

24. 콩쯔는 말했다(「述而」23). "나의 제자들이여! 너희들은 내가 무엇을 숨긴다고 생각하느뇨? 나는 너희들에게 숨기는 것이 없노라. 나는 행하면서 너희들과 더불어하지 않은 것이 없다. 이것이 나다(是丘也。)" 나 도올은 나의 인생에서 이와 같이 정직한 성인의 모습을 체험한 적이 없다. "시구야"(是丘也) 이 한마디는 나의 인생을 깨우치고 또 깨우친 진정한 성인의 말씀이었다. 아니, 그것은 성인의 말씀이라기보다는 적나라한 한 인간의 실존에 대한 총체적 고백이었다. 이것이 나다! 우리는 영원히 콩쯔를 가지고서 유교를 말해야 한다. 후대의 변질된 유교를 가지고서 콩쯔를 말하면 아니 된다. 콩쯔는 말한다. 이것이 나다! 콩쯔는 오늘 이 순간 나의 실존 속에 살아 있고, 유교는 이 시대와 더불어 존속하고 있다.

25. 조선은 유교적 이상을 잘 구현하려고 힘쓴 나라이다. 조선왕조 오백년은 유교의 가치 속에서 언어, 문물, 제도, 습속 그 모든 것을 형성시켰다. 그리고 그러한 전통은 오늘까지도 계속 유지되고 있다. 유교의 이상은 도덕을 정치화시키지 않는다. 정치를 도덕화시킬 뿐이다. 오늘 남한사회의 제반상황은, 불미스러운 점도 없는 것은 아니지만, 정치체제의 보다 선함을 위하여 개혁에 박차를 가하고 있으며 보편적인 민(民)의 기회균등을 위한 도덕적인 노력을 경주하고 있다는 측면에서 유교적 전통을 계승하고 있다고 말할 수 있다. 일본의 정치가 너무 고정된 체제의 틀 속에서만 움직이는 것이나 중국의 사회가 지나치게 물질적 탐욕으로 쏠리는 것과는 조금 다른 양상을 보이고 있다고 말할 수도 있을 것이다. 앞으로 남북한의 대화는 결국 유교를 매체로 해서 이루어질 수밖에는 없을 것이다. 남북의 교류도 결국 유교적 사회주의와 유교적 자본주의의 융합으로서 해석될 여지를 남기게 될 것이다.

26. 나 도올은 쉬운 것만을 사랑한다. 이해될 수 있는 것만을 말한다. 우리들끼리 알아들을 수 있는 언어만 가지고도 우리는 우리의 사회를 훌륭하게 건설하는 철학을 정립해나갈 수

혜강 최한기와 유교

있다고 생각한다. 이제 우리는 우리에게 체화될 수 없는 언어의 께임에서 벗어나야 한다. 서양의 과학의 이해와 흡수가 서양철학의 난삽한 언어의 전제가 없이도 이루어질 수 있는 것이라고 한다면, 우리는 더 이상 대중화될 수 없는 현학적인 언어의 장난에 기만당하고 소외되지 말아야 한다. 유교는 우리에게 있어서 영원한 앎의 기저일 것이며 상식의 예찬일 것이다.

좌로부터 왕 칭, 쿠로즈미 마코토, 나카무라 슌사쿠, 이광래, 사와이 케이이찌,
코오사카 시로오, 도올.

【한국은 유교복덕방】

이 글은 '사상가 도올이 만난 사람'이라는 고정 커트 하에 2003년 11월 5일(수) 『문화일보』 제8면에 실렸던 글이다. 이 대담에 참석한 사람들은 모두 영남대학교 국제학술회의, "동아시아 유교와 근대의 앎"에서 논문을 발표한 학자들이다. 내가 10월 31일 기조강연을 마친 후 경산시 윤영조(尹永祚)시장님의 초대만찬이 있었는데, 그 만찬이 끝난 후 우리는 밤늦게까지 열띤 토론을 계속했다. 참석자중 이광래교수는 나와 고대 철학과에서 같이 공부한 친구이고, 쿠로즈미교수는 토오쿄오다이카쿠(東京大學) 동문수학 우인(友人)이다. 일본에는 엄밀하게 말해서 공(公)의 세계가 없다는 쿠로즈미교수의 날카로운 지적은 깊게 새겨볼 가치가 있는 테제일 것이다.

한국은 유교복덕방, 도덕과 평화의 구심점되어야

韓流열풍은 드라마속에 유교적 고민이 있기 때문
공자가 중시한 것은 士, 오늘날의 샐러리맨 해당
한국 대선자금 규명은 공적 윤리 향상, 유교전통

영남대학교 인문과학연구소·국제동아시아사상연구회는 10월 31일부터 11월3일까지 "동아시아 유교와 근대의 앎"이라는 주제로 국제학술회의를 열었다. 한·중·일의 사상사 관계 학자들이 모인 이 심포지엄에서 도올은 "유교와 앎"이라는 제목으로 기조강연을 했다. 그리고 31일 밤 도올은 참석자들과 대담의 시간을 가졌다.

참석자 명단

쿠로즈미 마코토(黑住眞·東京大)
사와이 케이이찌(澤井啓一·惠泉女學園大)
코오사카 시로오(高坂史郎·大阪市立大)
나카무라 슌사쿠(中村春作·廣島大)
왕 칭(王靑·中國社會科學院)
이광래(李光來·江原大)

도올: 동아시아의 과거·현재·미래를 생각할 때, 유교는 빼놓을 수 없는 문명의 기저이다. 유교를 어떻게 해석하고 어떻게 활용하여 우리의

미래를 개척하느냐 하는 것은 우리 지식인들의 중요한 과제 상황이다.

코오사카: 우리는 모두 철학을 하는 사람들로서 과거의 유교사상과 근세에 서구의 영향하에서 생긴 "철학"(테쯔가쿠: 哲學)이라는 개념 사이에 어떠한 단절과 연속이 있는가를 살펴보기 위하여 2000년부터 지속적으로 세미나를 진행해왔다. 중국의 경우 과거전통사상과 현대적 의미에서의 철학 사이에는 단절이 거의 없다. 그러나 일본의 경우에는 완벽한 단절이 있다. 전통사상은 전통사상의 흐름대로 이어져 내려왔으며 철학은 그와는 완벽하게 단절된 순수한 서양철학의 전문영역을 의미하는 것이었다.

이광래: 한국에서의 서양사상의 수입은 조선조 후기의 실학자들에 의하여 최초로 이루어졌다. 그런데 이들의 서양사상 이해는 자기들이 젖어왔던 유교적 가치와는 단절된 것이었다. 물론 혜강 최한기와 같이 그 양자를 단절적으로 이해하지 않으려고 자기나름대로의 우주관을 구축한 사람도 있다. 그러나 구한말의 천주교탄압은 유교의 내부적 단절을 심화시켰다. 그러나 20세기 한국에 있어서의 철학의 인식은 중

혜강 최한기와 유교

국처럼 그렇게 연속적인 것도 아니지만 그렇다고 일본처럼 그렇게 단절적인 것도 아니다. 다시 말해서 철학이라는 개념 속에 전통사상을 융통성있게 포섭시켰다. 그리고 한국에서는 현재 철학과 사상이라는 말을 엄격하게 구분하여 쓰지 않는다. 철학하면 서양철학이고, 사상하면 전통사상이나 자생적 이데올로기를 뜻하는 그러한 분별적 맥락은 별로 큰 의미가 없다. 따라서 오히려 한국에서는 자생적 보편철학이 탄생할 수 있는 그런 가능성이 있다.

나카무라: 오늘 도올선생의 강연을 그토록 많은 젊은 대학생들이 3시간이나 움직이지 않고 경청하는 모습에 충격을 받았다. 물론 도올선생의 카리스마의 영향도 있겠지만, 일본에서는 젊은이들이 유교라는 주제에 관심을 가지고 이토록 많이 모여 강연을 듣는다는 것은 도무지 상상할 수가 없다. 이런 현상을 어떻게 해석해야할까, 이것이 지금 나의 과제상황이다.

도올: 내가 일본에 살면서 체험한 바로는 일본인들의 삶의 정서 밑에는 유교적 가치가 물씬 깔려있다. 장자(長者)에 대한 공경, 가족윤리의 존중, 예의에 대한 감각 등. 그러나 그

것을 학술적으로 이야기할 때는 모든 사람들이 일본에는 유교의 영향이 최소화되어 있는 것처럼 이야기한다. 그러나 보다 일반적인 에토스로서 일본유교를 말해야 되지 않을까 생각한다. 내가 한국의 젊은 학생들에게 강의를 하는 것도 유교라는 특정의 사상이 아니라 유교의 틀을 빌린 보편적인 삶의 에토스에 관한 것이다. 그것은 특정한 이데올로기에 대한 매력으로 해석될 성질의 것이 아니다.

사와이: 일본학자들이 일본에 유교의 영향이 최소화되어 있다고 말하는 뜻은 주로 경전해석학(經典解釋學)적 측면에서 말하는 것이다. 일본은 막부의 봉건체제의 특수성 때문에 중앙집권관료체제를 유지하기 위한 과거(科擧)와 같은 시험제도가 없었고 따라서 유교경전이 절대적인 권위를 갖지 못했다. 그래서 다양한 경전이 동시적인 권위를 가지고 있었다. 더구나 리(理)를 강조하는 주자학의 우위는 확보될 길이 없었다. 그리고 일본에서는 유교가 코쿠가쿠(國學)나 신토오(神道)와 같은 사상으로 습합되어 독자적인 영역을 확보하기 어려웠다. 유교는 항상 일본화되었으며, 일본화된 측면은 보통 유교라 부르지 않는 것이다. 그러나 사실 유교적 가치는 깊게 배어있다. 그리고 정치적 · 경제적인 프랙티스로

서의 유교는 항상 일본의 내셔널리즘의 틀 속에 갇혀 있었다. 즉 일본의 유교는 너무 정치화되어 있었다. 그런 정치화된 유교에 대한 반발심리가 일본지식사회에는 널리 깔려 있다.

왕 칭: 현대 중국사회에서도 분명 유교적 가치관은 깔려있겠지만 유교를 어떤 사회적 이데올로기로서 새삼스럽게 의식하지는 않는다. 물론 문화혁명 때 지나치게 유교를 폄하시킨 것에 대한 반동으로서 유교를 살리려는 운동도 있지만 그것은 정치적인 노력일 뿐 일반인들의 삶의 에토스로서 부활되고 있는 것은 아니다. 나도 오늘 한국의 젊은이들이 도올선생의 강의를 경청하는 분위기에 충격을 받았다. 우리 중국에서도 상상하기 어려운 분위기다. 확실히 한국은 동양3국 중에서는 유교적 순수성을 가장 많이 보전하고 있는 것 같다. 일례를 들면, 중국에서는 한국의 텔레비전 드라마가 매우 유행하는데, 그 중요한 이유 중의 하나가 한국드라마가 중국인들에게 유교적 가치를 전달한다는 것이다. 그래서 애들까지도 불러서 한가족이 같이 한국드라마를 본다. 그 드라마 속에 그려지고 있는 한국인들에게는 짙은 유교적 가족윤리의 고민이 깔려있는 것이다.

도올: 참 재미있는 이야기인 것 같다. 나는 오늘 공자를 후대의 유교로써 해석하면 안된다는 것을 이야기했다. 어디까지나 공자로써 유교를 해석해야 하는 것이다. 공자는 영원히 살아움직이는 인간의 삶 그 자체인 것이다. 그런데 공자를 얘기하면 그를 치자(治者)를 옹호한 사상가로서 상기하는데, 공자는 플라톤처럼 이상적 군주의 교육만을 생각한 사람이 아니다. 공자가 주력한 것은 어디까지나 사(士)의 윤리였다. 공자는 사로서 살고 사로서 죽었다. 사(士)란 문사(文士)와 무사(武士)의 구분이 없는, 모든 뷰로크라시의 종사자들을 말한다. 그들은 봉토(封土)를 갖지않고 녹(祿)만을 받는 사람들이다. 이들은 군(君)과 민(民)의 사이에서 조정역할을 한다. 그러니까 이 사를 오늘말로 하면 샐러리맨이라고 할 수 있다. 기업, 군대, 관청에 종사하는 모든 샐러리맨이 결국 사(士)인 셈이다. 오늘 현대사회처럼 사의 계층이 사회의 주류세력으로서 확장된 시대도 없었을 것이다. 그러니까 현대사회야말로 사의 윤리가 가장 필요한 사회이며, 그 윤리의 교육이 부재하면 그 사회는 지탱하기가 어려워지는 것이다. 그 윤리는 어디까지나 공적인 것이다.

쿠로즈미: 일본에는 엄밀하게 말해서 공(公)이 없다. 일본

인이 말하는 공(公)이란 관(官)일 뿐이다. 그리고 관과는 별도로 사적세계(private world)가 존재한다. 그러나 이 사적세계는 관을 움직이지는 않는다. 다시 말해서 공(公)을 통한 매개가 없는 것이다. 따라서 일본역사에서는 관이 관나름대로의 질서를 가지고 아무런 저항이 없이 흘러가고 있다. 천황제나 자민당의 독재가 그러한 현상이다. 그래서 사적세계들의 균형감각에서 생겨나는 질서는 있으나 역사 전체로 보면 안정감이 지나쳐 정체와 부패가 정당화되기 쉽다. 일본의 학문도 기본적으로는 문학적이고 사정(私情)을 추구하는 것이다.

도올: 한국이 일본보다는 사회의 공적 측면이 살아있다는 면에서는 매우 유교적이라 할 수 있다. 요즈음 한국정치가 돌아가는 것을 봐도, 대선자금을 둘러싼 작태가 한심하기도 하지만, 무엇인가 근원적인 공적 윤리의 향상을 위한 범국민적 노력이 엿보인다. 이것이 바로 동양3국 중에서 한국이 가장 유교적 전통을 보지하고 있는 증거라고 생각하며 과거 조선왕조의 붕당정치도 이런 측면에서 해석해볼 수도 있지 않을까 생각한다.

쿠로즈미: 이 세계의 문제는 앞으로 어떻게 중국이 발전하

면서 동시에 도덕적인 리더십을 확보하느냐 하는 문제로 압축된다. 우리 일본의 뜻깊은 지성인들은 한국의 도덕적 노력이 일본과 중국에 도덕적 영향을 줄 수 있기를 바라는 것이다. 다시 말해서 한국의 유교적 실험이 세계사적 보편성을 획득하기를 바라는 것이다. 남·북한의 교류도 결국 유교적 자본주의와 유교적 사회주의의 융합을 의미하지 않을까 생각하는 것이다.

도올: 한국은 어차피 강대국일 수가 없다. 도덕적 순결성을 통하여 주변의 강대국들이 평화롭게 공존할 수 있는 어떤 구심점, 그러니까 일종의 유교적 복덕방이 될 수 있다면 매우 바람직할 것이라고 생각한다. 이러한 바람직한 방향을 위해서도 우리 한·중·일의 생각있는 지성인들이 뜻을 함께하고 비전을 공유해야하지 않을까 생각한다.

教旨

折衝將軍僉知中樞府
事無五衛將崔漢綺贈
嘉善大夫司憲府大司
憲兼同知義禁府事成
均館祭酒者

傳

光緒十八年正月　日

學行卓異　贈職事承

1892년, 최한기의 사후에 내려진 교지(敎旨).
절충장군 중추부 첨지사 겸 오위장 최한기에게
가선대부 사헌부 대사헌 겸 의금부 동지사 성균관 좨주를 추증함.

혜 강 최 한 기 와 유 교

2004년 2월 10일 초판발행
2004년 5월 20일 2판 1쇄

지은이   김 용 옥
펴낸이   남 호 섭
펴낸곳   **통 나 무**

서울시 종로구 동숭동 199-27
전화: (02) 744-7992
팩스: (02) 762-8520
출판등록 1989. 11. 3. 제1-970호

ⓒ Kim Young-Oak, 2004   값 8,500원

ISBN 89-8264-203-X (03150)
ISBN 89-8264-200-5 (세 트)